KB220437

온전한 예배

하나님과 사람에게 적합하게 반응하기

온전한 예배

하나님과 사람에게 적합하게 반응하기

최성수 지음

감사의 말

이 글을 쓰면서 필자가 많은 도움을 받은 분은 미디에이터 교회 설립자이신 최서형 장로님입니다. 글 내용 중 '비움과 채움의 기도'는 장로님이 개발한 기도 방법입니다. 통전 개념과 관련해서 우리가 익히 알고 있는 '통합'의 의미를 넘어 상호 관계의 기제로 이해한 것도 장로님의 생각에서 통찰을 얻어 발전시킨 것이었습니다. 장로님은 동서의학을 융합한 융합의 학자로서 대한민국 신지식인 제1호를 수상한 분으로도 널리 알려지신 분입니다다만, 기독교 신앙에 대한 여러 통찰을 담은 글(『한국교회에 한방을 먹이다』, 시커뮤니케이션, 2018)을 통해 그야말로 '의학 신학(medical theology)'의 가능성을 시도하셨다고 말해도 과언은 아닐 것입니다. 미디에이터연구소 사역으로 이 글을 쓸 수 있게 된 것에 대해 감사의 말씀을 전합니다. 이에 이 글을 최서형 장로님께 헌정하는 것이 마땅하다 생각합니다.

그리고 필자가 대학교에서 강의할 때 배우던 학생들이 지금은 담임목사 혹은 부목사로 사역 현장에 나가 있는데, 그들로부터 글에 대한 많은 피드백을 받았습니다. 특히 '우리길벗교회' 담임이신 신인순 목사님은 이 글의 가치를 인정해주어

개척교회의 어려운 현실에서도 후원해 주셨습니다. 책으로 엮는 과정에서 필자의 바람을 이루는 데 매우 큰 힘을 주셨습니다. 감사의 말씀을 전합니다.

이 글은 원래 미디에이터교회에 등록한 교우들의 예배 교육을 위해 쓴 것인데 이 글을 읽은 다른 교회 성도와 여러 목회자의 호응에 힘입어 출판의 용기를 내게 되었습니다. 일상이 단지 교회 예배의 설교에서 들은 내용을 적용하는 현장이 아니라 그 자체가 예배의 현장이어야 한다는 건 단지 생각으로만 갖고 있었고, 개인적으로 강의나 교육에서 주장하였지만, 글을 쓸 기회를 얻지 못했습니다. 그러다가 새 가족 교육을 위한 교재를 생각하는 중에 집필할 기회를 얻어 결과적으로 더 많은 성도와 공유할 수 있게 되었으니 얼마나 감사한지 모릅니다. 예배에 대한 포괄적인 이해를 원하는 사람은 이 글로 만족하지 못할 것입니다. 필자는 오직 일상 예배와 교회 예배의 온전한 통합 곧 온전한 예배의 실천을 위해 이 글을 기획했습니다.

이 책은 워크북과 상관없이 온전한 예배를 알고 실천하길 원하는 사람들을 위한 것입니다. 그러나 교육을 원하시는 분은 지도자 용으로 사용하실 수 있습니다. 워크북은 따로 만들었습니다. 비록 함께 출판하지 못했으나 여건이 마련되는 대로 학습용 교재로 출판할 것입니다. 지도자용이니만큼 워크북에 있지 않은 내용도 들어 있습니다. 지도하시는 분들은 아무래도 배우는 분들보다는 더 많은 정보를 갖고 있어야 하지 않나 생각하면 독자들이 충분히 이해해 줄 것으로 생각합니다.

무엇보다 가르치기 위해서가 아니라 지도하시는 분이 먼저 참 예배자가 되어야 하겠다는 마음으로 읽어나간다면 개인은 물론이고 성도와 교회에 긍정적인 변화가 일어날 것입니다. 이렇게 말할 수 있는 이유는 필자 역시 그런 경험을 겪었고 이 글을 통해 예배에 관한 생각과 태도에서 변화가 있었다는 이야기를 많이 들었기 때문입니다. 저자로서 저는 이 글이 온전한 예배를 회복하는 자극의 역할을 할 수 있다면 그것으로 만족합니다.

들어가는 글을 대신하며

어떤 대화

"교회는 왜 가십니까?"

"예배하러 갑니다."

"예배하는 건 교회에서만 합니까?"

"그건 아니지만, 교회에 가는 건 예배하러 가는 거지, 다른 목적이 없습니다."

"교회 밖을 나서면 예배는 없나요?"

"직장 예배가 있고, 가정 예배나 구역 예배가 있지요."

"그럼 직장에도 교회가 있고, 가정에도 교회가 있는 거네요?"

"그런 셈이죠."

"교회가 있기에 예배가 있는 겁니까? 아니면 예배함으로써 그곳이 교회가 되는 겁니까?"

"예배함으로써 교회가 되는 것이죠. 직장에서 예배하는 곳이 교회이고, 가정에서 예배하면 그곳이 교회이죠."

"그렇다면 주일에 교회에 가는 건 뭐죠? 교회는 건물에 불과하고, 예배함으로써 비로소 교회가 되는 건가요?"

"그건 맞는 말이에요. 교회는 건물에 불과해요. 참 교회는 참 예배가 일어나는 곳이라고 할 수 있습니다."

"그러면 교회에 가는 건 그곳이 참 교회를 위한 조건을 충족하기 위함이군요. 그러니까, 예배 없는 혹은 참 예배가 없는 교회는 참 교회가 아니기에, 예배함으로써 그곳을 참 교회가 되게 하는 일이겠네요."

"그런 셈이네요."

"그렇다면 예배는 단지 교회(건물)에서 하는 예배에 국한하지 않는 거겠는데요, 교회 밖에서의 예배는 어떤 것인가요?"

"글쎄요. 일상 예배라고 흔히 말하지요."

"그 예배는 어떤 건가요? 교회 예배와 어떻게 다르나요?"

"아까 말했듯이, 직장 예배, 가정 예배, 구역 예배, 학교 예배 등등을 생각해볼 수 있지요. 장소와 예식만 다르지요. 사실 비슷한 것이죠."

"그럼 의식이 없는 예배는 예배가 아닌가요? 직장에서 굳이 예배 시간을 가져 의식을 치러야 하나요? 가정에서나 학교에서도 꼭 그래야 예배인가요?"

"꼭 그건 아니지만, 다르게 말할 수 있는 근거를 찾기가 쉽지 않네요.”

　“그럼 이건 어때요? 그러니까요. 예배는 의식을 통한 예배가 있고, 삶을 통한 예배가 있다는 것 말이죠. 예전(liturgy)을 통해 예배하는 건 교회에서 하고, 삶을 통한 예배는 일상의 삶을 통해 하는 것이죠. 주부는 가사에서, 직장인은 회사일에서, 학생은 학업에서 충실한 삶을 말합니다. 굳이 예배 의식이 없어도 선한 삶, 정직한 삶, 성실한 삶이 예배라고 생각하는 겁니다.”

　“조금 더 설명해 주실 수 있나요?”

　“예배의 정의를 이렇게 바꾸면 어떨지 싶어요.

　‘예배란 하나님과 그분의 말씀과 뜻과 행위에 전인적으로 반응하는 신앙 행위’.

　이렇게 정의하면요, 교회에선 예전을 통해 하나님께 반응하면서 동시에 어떻게 하나님께 반응하길 배우며 하나님의 말씀을 듣고 실제로 예배가 일어나는 시간이고, 삶은 하나님 앞에서 사는 사람이 사람과 자연과의 만남에서 진지하게 반응할 때 그것이 곧 하나님께 반응하는 것으로 이해할 수 있을 것 같아요. 그렇다면 삶 자체가 예배라 볼 수 있는 거죠. 물론 양자는 구분은 되지만 분리해선 안 될 것이고요. 어느 하나에 편중해서도 안 되지요.

일상과 교회는 서로 유기적인 관계를 갖는데요, 예배로의 부름을 통해 세상에서 예배로 초대를 받은 성도는 축도를 통해 세상으로 파송을 받는 것이죠. 파송된 존재로서 성도는 일상의 삶을 빛으로 소금으로 살며 예배하다가 다시금 하나님의 초대의 부르심을 듣고 교회로 가서 예배합니다.

이렇게 되면 교회에 가는 이유는 하나님을 예배하러 가는 것만이 아니라 다른 목적이 있어야 해요. 그건 공동체를 세우기 위함이죠. 서로를 격려하고 위로하며 나누고 베풀고 돌보는 공동체를 세우기 위함입니다. 이 일은 교회를 벗어나서 계속 이어져야 하겠지요. 교회에서나 일상에서 성도가 하나님과 사람과 자연에게 반응하며 사는 것 곧 예배하는 건 같습니다.

이 목적을 추가하면 교회에서 무엇을 해야 할지가 분명해질 것 같습니다. 행사 치르는 것이 아니라 서로에 관심을 기울이고, 서로를 위로하고 격려하면서 서로를 돌보는 일에 최선을 다하는 시간을 가질 수 있어요. 물론 교회를 떠나면 이제는 이웃과 세상을 돌보는 시간을 갖는 것이죠. 교회에서 받은 은혜를 나누는 삶의 현장이 되는 것입니다. 세상은 우리가 변혁해야 할 곳이 아니라 예배가 이루어져야 할 곳이 되는 거죠. 이렇게 되면 교회는 특별한 의미를 갖습니다. 그곳은 세상과 구별된 곳이지만 그렇다고 세상과 차별된 곳은 아닙니다. 세상은 교회가 변혁해야 할 대상으로만 판단 받지 않고 부패한 존재로만 여겨지지 않아요. 왜냐하면 그곳에서도 예배가 일어나기 때문입니다. 세상의 변화는요, 삶을 통한 예배가 참으로 일어나는 곳에서부터 시작됩니다. 어떻게 생각하세요?"

"내가 예배에서 무엇을 하고 또 왜 그렇게 하는지 충분히 생각할 필요가 있다는 생각이 듭니다."

독자에게 권하는 말씀

첫째, 처음부터 끝까지 읽어서 예배에 대한 전체적인 윤곽을 가진 후에 단락별로 읽어나가길 권합니다. 예전의 의미와 온전한 예배가 무엇인지를 파악하는 데 중점을 두시길 권합니다.

둘째, 교육할 때는 특히 일상 예배와 교회 예배의 관계를 교육 시작과 끝부분에 반복하여 강조하길 권합니다.

셋째, 교육할 때는 신학적인 측면에서 너무 구체적인 내용에 집착하지 말고 예전의 기본 의미를 전하는 일에만 초점을 두기를 권합니다.

넷째, 본문에 사용된 표현 "영과 혼과 몸"은 생명 구성 요소로서 인간의 세 기능을 말하기 위한 표현입니다. 칸트가 이성을 감성과 오성과 이성의 세 기능으로 구분한 것과 같은 맥락입니다. 소위 삼분설을 의미하는 것이 아님을 명심하시면서 독서하길 권합니다.

목차 ✞

온전한 예배 2

온전한 예배 3

온전한 예배 4

1

온전한 예배

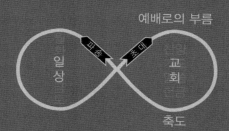

예배로의 부름

피송 초대

그리스도의 일상으로 신약 교회 말씀

축도

예배란 하나님의 구원하시는 은혜에 힘입어 하나님의 현존 그리고 그의 뜻과 말씀과 행위에 전인격적으로 합당하게 반응하고 또한 일상에서 마치 하나님께 반응하듯 사람과 자연에 적합하게 반응하는 신앙 행위입니다. 교회 예배와 일상 예배가 나뉘지 않고 상호관계에 있게 될 때 온전한 예배라 말할 수 있습니다. 여기에는 하나님 중심과 사람 중심 사이에서 균형을 바르게 유지하는 것을 포함합니다. 하나님을 제대로 알고 있지 않으면 잘못된 반응이 나오고, 인간과 자연에 대한 반응이 지나치면 우상숭배로 이어지기에 그리스도인은 올바르게 반응하는 법을 배워야 합니다. 곧 하나님에게 합당하게 그리고 사람에게 적합하게 영과 혼과 몸으로 그리고 지성과 감정과 의지로 반응할 수 있어야 합니다. 영성은 그리스도인 안에서 지성과 감성과 의지가 통합할 때 그리고 생명요소인 영과 혼과 몸이 유기적인 상호작용이 이루어질 때 형성됩니다. 예배의 문제는 하나님에게 합당하지 않게 반응하고 오히려 하나님이 아닌 것에 반응하기에 발생하고, 사람에게 적합하지 않게 반응하고 오히려 지나치거나 부족하게 반응할 때 나타납니다. 특히 영/혼/몸이 유기적으로 상호작용하지 못하거나 지/정/의가 통합하지 못할 때 나타납니다.

1. 예배란 무엇인가요?

1) 발견의 과정

새 신자든 아니면 타 교회에서 방문한 성도든 교회에 가서 제일 먼저 만나는 시간은 예배입니다. 교회 입구에서 안내자를 만나고 교역자도 소개받는 등 일련의 방문 과정을 거치기는 하나 어떤 목적으로 방문했든 처음으로 마주하는 건 예배이고 또 예배하는 성도들의 모습을 보는 겁니다.

예배를 마치고 나온 방문자에게 예배 시간이 어땠느냐고 물었습니다. 깊은 인상을 받은 예배 순서를 언급하기도 하고 예배의 전체 분위기를 느낀 대로 말하는 사람도 있습니다. 가장 많이 듣는 건 설교의 내용과 그에 대한 느낌입니다. 당연히 설교자에 대한 인상도 포함되겠죠.

그러니까요, 사람들이 비록 예배와 설교를 같게 보지는 않아도 예배에서 가장 주목받는 부분은 설교와 설교자입니다. 이건 방문자나 기존 성도나 크게 다르지 않습니다. 설교가 맘에 들지 않으면 그날 예배는 그저 의무를 이행한 것이고, 설교가 맘에 들면 은혜가 충만하고 의미 있는 시간을 보낸 겁니다. 설교에 따라 예배가 평가되고요, 이것이 현실입니다. 설교가 맘에 들지 않으면 설교가 좋은 교회로 옮기는 일이 다반사로 일어나고 있습니다. 교인 수의 변동은 대체로 수평 이동의 지표입니다.

무엇이 문제일까요? 필자 역시 신학을 배우기 전까지는 마찬가지였습니다. 특히 찬양대 찬양에 마음이 끌리기도 했지만,

예배는 뭐니 뭐니 해도 설교였습니다. 그렇게 설교와 씨름하며 신앙인의 의무인 '주일성수'를 이행했습니다. 학창시절엔 주일성수를 위해 12시 전에는 시험공부도 안했습니다.

이런 생각이 무너지게 된 계기는 로마서 12장 1~2절[1]의 말씀을 연구자의 눈으로 새롭게 대하면서부터입니다. 이 구절이 갖는 의미가 '코페르니쿠스적 전환'이라 말할 수 있을 정도라는 걸 미처 깨닫지 못하고 있었습니다. 그저 "산 제물"에 방점을 두고 읽었을 뿐이고, 특히 "영적 예배"를 영으로 드리는 예배, 신령한 예배 정도로만 이해했을 뿐입니다. 물론 그렇게 배웠던 것 같습니다.

그런데 '영적'이란 헬라어가 spiritual이 아니라 rational에 해당하는 말임을 알게 되면서 적지 않은 충격을 받았습니다. '영적 예배'라는 것이 사람들이 충분히 이해할 수 있고 소통할 수 있는 예배라는 의미임을 깨닫고는 "산 제물"의 의미도 다시 보게 되었습니다. '산 제물'은 희생의 가치가 아니라 희생의 양태를 강조하는 개념임을 깨달은 것입니다. 무슨 말인가 하면요, '산 제물'은 살아 있는 사람의 삶 자체를 제물로 보는 개념입니다. 이건 교회 예배의 모습을 포함하지만, 그보다는 오히려 일상의 삶에 가깝습니다. 2절 말씀을 매개로 보면 더욱 분명해집니다. 일상의 삶 자체가 '산 제물'이라면 이

---

1) **롬 12:1~2** "그러므로 형제들아 내가 하나님의 모든 자비하심으로 너희를 권하노니 너희 몸을 하나님이 기뻐하시는 거룩한 산 제물로 드리라 이는 너희가 드릴 영적 예배니라 너희는 이 세대를 본받지 말고 오직 마음을 새롭게 함으로 변화를 받아 하나님의 선하시고 기뻐하시고 온전하신 뜻이 무엇인지 분별하도록 하라"

것 역시 예배로 이해하는 것을 반대할 사람이 없을 것입니다. 사도 바울은 일상 예배를 이렇게 표현한 것입니다. 당시에 그렇게 생각한 사람이 얼마나 있었을지 모르지만요, 정말 놀라지 않을 수 없는 일입니다. 저 역시 말씀의 의미를 알게 되면서 큰 충격을 받았던 기억이 있습니다.

여기에 더해 요한복음 4장에 나오는 예수님과 사마리아 여인의 대화 역시 예배를 새롭게 이해하는 데 한몫을 했습니다. '영과 진리로 예배하기' 이 말을 예배할 때 단순히 '진심으로' 예배해야 한다는 뜻으로만 이해했는데요, 사실 맥락을 살펴보면, 예배는 장소에 매이지 않는다는 사실을 선포하는 말씀이에요. 그러니까 예배의 장소가 교회이어야 하느냐 아니면 일상이어야 하느냐의 논쟁이 사라지게 하는 의미가 있는 말씀인거죠. 그곳이 어디든 하나님은 영이시니 예배하길 원하는 자 곧 일상에서든 교회에서든 참으로 예배하길 원하는 자는 영과 진리로 예배해야 한다는 말씀입니다.

이런 발견을 계기로 저는 일상 예배와 교회 예배를 명확하게 구분할 수 있었고 또한 두 예배를 통합할 수 있는 안목을 얻었습니다. 예전을 매개로 하는 예배는 교회 예배이고, 그리스도인의 삶 자체를 통해 사람들이 예수를 그리스도로, 또 여호와를 참 하나님으로 인정하도록 하는 삶은 일상 예배라는 것이죠.

이렇게 구분하고 나니 갑자기 예배가 달리 보였습니다. 일상의 삶도 달리 보였습니다. 사람들과 더불어 사는 삶이든 좌

충우돌의 삶이든 일상이 달리 보였습니다. 그 후로 조직신학자로서 예배를 연구하기 시작했고, 그 결과 세 종의 책을 썼습니다.[2] 그런데 두 예배의 중요성을 넘어 유기적인 상호관계를 말하진 못했습니다. 앞서 말한 대로 최서형 장로님의 글을 접하고 깨닫게 되었습니다. 이 글은 그 결과라 볼 수 있습니다. 관건은 두 예배의 관계를 유기적으로 설명하는 것이었죠. 그것이 두 예배가 서로 유기적 관계에 있다는 온전한 예배에 관한 생각으로 이어진 겁니다(47쪽 표 1을 참고).

2) 교회와 예배

요한계시록 2~3장은 예수 그리스도께서 사도 요한을 통해 아시아 일곱 교회에 보내신 편지의 내용입니다. 편지의 핵심은 교회가 유혹을 받거나 환난을 겪는 중에도 예수 그리스도의 복음을 든든히 붙잡고 말씀 위에 바로 서야 한다는 권고입니다. 예수 그리스도에 대한 신실한 믿음과 믿음에 합당한 삶과의 관계에서 각 교회가 보여준 태도에 대해 칭찬하기도 하고 책망하기도 하는 내용입니다.

그런데 이어지는 4~5장에서 주님은 요한에게 하늘의 예배를 환상 가운데 보여주셨는데요, 5장까지의 말씀을 읽고 나면 자연스레 이런 질문이 제기됩니다. 교회가 바로 서야 한다는 말씀과 천상의 예배는 어떤 관계가 있는 건 아닐까?

---

2) 『어떻게 하면 설교를 바르게 들을 수 있을까-청중을 위한 설교학』(대전: 이화, 2017); 『예배와 설교 그리고 교회』(서울: 예영, 2018); 『언제까지 가짜 신앙을 포장할 것인가?』(대전: 이화, 2019).

먼저 다음의 질문을 생각해보면 어떨지 싶어요. 교회가 본질을 회복해야 하는 목적은 무엇인가? 본질에서 벗어난 교회의 모습을 편지에서 확인할 수 있다면, 본질을 회복한 교회는 무엇이 달라질까?

이 질문은 사실 이스라엘 백성의 출애굽 목적을 묻는 것과 무관하지 않은 것 같아요. 애굽에서 벗어나 광야에서 여호와를 예배하는 것이 출애굽의 목적이었듯이(출 5:1, 3)[3] 교회의 본질을 회복해야 하는 이유는, 하나님은 참으로 예배하는 자들을 원하시기 때문입니다. 그러므로 교회의 본질 회복과 하나님을 참으로 예배하는 일은 절대 분리되지 않습니다. 누구든 교회의 본질을 회복하길 원한다면 먼저 하나님을 참으로 예배할 수 있어야 합니다. 하나님을 참으로 예배하는 것이 교회 회복의 목적입니다. 요한계시록에서 참 교회의 모습을 보이면서 곧이어 하늘의 예배를 보이신 건 바로 이런 목적에서 비롯한 건 아닐지 싶습니다.

우리는 지금까지 하나님께 참으로 예배하길 원한다면서 교회의 각종 제도에 대한 비판을 앞세웠습니다. 교회 비판은 참 예배를 위한 과정에 불과한데, 교회 개혁 자체를 목적으로 삼으며 살았고, 그래서 교회 개혁을 입에 달고 살았던 것이지요.

---

3) **출 5:1, 3** "그 후에 모세와 아론이 바로에게 가서 이르되 이스라엘의 하나님 여호와께서 이렇게 말씀하시기를 내 백성을 보내라 그러면 그들이 광야에서 내 앞에 절기를 지킬 것이니라 하셨나이다....그들이 이르되 히브리인의 하나님이 우리에게 나타나셨은즉 우리가 광야로 사흘길쯤 가서 우리 하나님 여호와께 제사를 드리려 하오니 가도록 허락하소서 여호와께서 전염병이나 칼로 우리를 치실까 두려워하나이다"

주객이 전도된 느낌을 감출 수 없습니다. 하나님을 참으로 예배하길 원하는 사람이라면 교회 비판을 넘어 무엇보다 예배가 회복할 수 있도록 해야 합니다. 교회 회복을 위해 예배 교육의 필요성은 아무리 강조해도 지나치지 않습니다. 사실 같은 말이라고 보아도 좋아요. 다시 말해서 예배 교육을 통해 성도가 하나님을 참으로 예배하도록 돕는 일은 교회 회복을 실천하는 길이고요, 설령 직접적인 인과 관계에 있지 않더라도 크게 공헌한다고 말할 수 있습니다.

교회의 비전은 크게 보아 먼저는 성도가 하나님 앞에서 바르게 예배하는 자가 되는 것이고요, 또한 이어서 한국교회가 하나님을 참으로 예배하도록 돕는 성도를 양성하여 세상으로 파송하는 데에 있습니다. 이어지는 글에서 예배와 교회의 관계를 상세하게 살펴보겠지만요, 교회에 처음 등록하는 새 가족을 대상으로 가장 먼저 예배 교육을 하는 이유는 바로 여기에 있습니다. 바라기는 예배가 무엇인지를 깨달아 안 후에 참 예배자로서 하나님을 영과 진리로 예배하고 또 일상에서 하나님께 거룩한 산 제물(living sacrifice)이 되는 성도가 되길 소원합니다.

3) 전통을 통해 보는 예배

기독교 예배는 초대교회(가정교회)에서 행한 것들을 모범으로 삼습니다. 초대교회 예배 역시 아무 모델이 없이 시작하지 않았어요.[4] 예배는 과거 구약시대의 성전 제사 전통에서 유래하여 회당 전통의 의식을 거쳐 성령 강림 이후 초대교회의 가정교회로 이어지면서 로마 가톨릭교회의 미사 그리고 종교개혁을 거쳐 오늘날의 개신교 예배로 정착했습니다.

성도가 예배할 때 모이는 장소에 관해 히브리서 기자는 다음과 같이 말하네요. 눈여겨볼 만한 말씀입니다.

"그러나 너희가 이른 곳은 시온 산과 살아 계신 하나님의 도성인 하늘의 예루살렘과 천만 천사와 하늘에 기록된 장자들의 모임과 교회와 만민의 심판자이신 하나님과 및 온전하게 된 의인의 영들과 새 언약의 중보자이신 예수와 및 아벨의 피보다 더 나은 것을 말하는 뿌린 피니라."(히 12:22-24)

예배의 장소에 관해 말하는 것 같지요? 그곳은 하나님과 천만 천사가 있는 곳이며, 죽었으나 의인으로 인정받은 성도의 영이 거하는 곳이며, 예수 그리스도의 보혈이 뿌려진 곳이라고 하네요. 예수 그리스도의 권능이 있고, 또 하나님의 용서와 회복이 있는 곳입니다.

성도가 모여 예배하는 곳은 단지 지역적/시기적 조건에 제한되지 않습니다. 성도의 공동체로서 그곳은 이미 구약시대부

---

4) 다음을 참고: Alan Kreider, *Worship and Evangelism in Pre-Christendom*, 허현 옮김, 『초기 기독교의 예배와 복음전도』(논산: 도서출판 대장간, 2019).

터 계속된 장막(성막) 혹은 회당 모임(assembly)이었으나, 이제 그곳은 예수 그리스도의 보혈로 인해 새로운 모습을 입습니다. 여기에 더해 사도 바울이 로마에 있는 교회에 보낸 편지에 썼던 말5)과 예언서 전통에서 제사 이외에 선하고 정의로운 삶의 부재에 대한 비판을 고려한다면6), 하나님의 백성으로서 그리고 성령님이 내주하시는 성도로서 일상에서 마땅히 해야 할 일도 하나님과의 관계에서 매우 중요하게 여겨졌음을 알 수 있습니다.

야고보서 1:26~277)에 나오는 'threskos(트레스코스: 경건)'은 하나님을 경외하는 사람들이 취하는 태도를 가리킵니다. 독일 종교개혁가 마르틴 루터(Martin Luther)는 이것을 '하나님을 예배하는 태도'로 번역했는데요, 그 내용을 보면 세상에서 살아가는 그리스도인이 말씀에 순종하는 삶을 가리킵니다.

히브리서 13:15~16에서 예배가 예수 그리스도 덕분에 가능해졌고 또 그것은 하나님과 사람에 대한 적합한 반응임을 분명하게 밝힙니다.

"그러므로 우리는 예수로 말미암아 항상 찬송의 제사를 하나님께 드리자 이는 그 이름을 증언하는 입술의 열매니라 오직 선을 행함과 서로 나누어 주기를 잊지 말라 하나님은 이 같은 제사를 기뻐하시느니라"

---

5) **롬 12:1** "그러므로 형제들아 하나님의 모든 자비하심으로 너희를 권하노니 너희 몸을 하나님이 기뻐하시는 거룩한 산 제물로 드리라 이는 너희가 드릴 영적 예배니라"

6) **미 6:8** "사람아 주께서 선한 것이 무엇임을 네게 보이셨나니 여호와께서 네게 구하시는 것은 오직 정의를 행하며 인자를 사랑하며 겸손하게 네 하나님과 함께 행하는 것이 아니냐"

7) **약 1:26~27** "하나님 아버지 앞에서 정결하고 더러움이 없는 경건은 곧 고아와 과부를 그 환난 중에 돌보고 또 자기를 지켜 세속에 물들지 아니하는 그것이니라"

이렇듯 비록 모양과 형식은 달라도 **특정 장소에 모여 행하는 의식을 통한 예배** 및 **일상에서 선한 삶으로서의 예배**를 통한 '예배의 두 가지 실천'은 시간의 흐름과 함께 변함없이 계속되었습니다. 두 형태의 예배는 비록 예전과 삶으로 서로 구분되지만요, **하나님의 존재와 위엄 그리고 그분의 말씀과 행위에 반응하는 신앙 행위라는 점에서는 서로 다르지 않습니다.**

4) 예배는 '교회(보이는/보이지 않는)'와 관련해서 이해되고 실천되어야 합니다

교회 예배는 성도의 삶에서 개별적으로 행해지던 것들을 한곳으로 모아 만든 예전을 통해 하나님 섬김을 실천하는 사건입니다. 조금 더 정확히 말하자면, 하나님의 뜻과 말씀과 행위에 전인격적으로(영과 혼과 몸으로 그리고 지성과 감성과 의지로) 반응하는 신앙 행위입니다. 예배가 단지 의식이 아니라 '사건'이라 말한 건 예배가 습관적 행위가 아니라는 것이고, 오히려 예전을 매개로 하나님과 사람, 사람과 사람, 그리고 사람과 다른 피조물과의 상호관계가 실제로 일어나고 또한 이로 인해 예배하는 자에게 전인적인 변화가 동반하는 일임을 강조하기 위함입니다.

특히 예배는 '교회'의 맥락에서 이해되어야 합니다. 교회를 떠난 예배는 생각하기 쉽지 않습니다. 예배 없는 교회 역시 마찬가지입니다. 건물 형태의 교회만이 아니라 공동체로서 혹은 공동체로부터 파송된 성도 개인으로서의 교회를 모두 포함합니다. 건물의 형태를 갖춘 교회에서든 아니면 세상에서 살면서

공동체의 일원으로서의 교회든 예배는 교회와의 관계에서 이해됩니다. 예배의 삶의 자리(Leben im Sitz)는 교회입니다.

교회는 하나님 나라의 모형입니다. 모형은 진짜가 아니지만, 진짜가 있다는 걸 보여줍니다. 이런 사실은 무엇보다 하나님을 예배할 때 비로소 그 본연의 모습이 분명하게 나타납니다. 곧 하나님이 세상을 돌보심을 성도가 인정하고 또 그것을 감사함으로 받아들이며 하나님의 말씀과 뜻과 행위에 전인격적으로 반응하는 일이 예배입니다. 하나님과 이웃과 자연[8])에 영과 혼과 몸으로 반응하는 예배는 교회에서는 예전을 통해서 그리고 일상에서는 선한 삶의 실천으로 일어납니다.

일상에서 하나님을 바르게 예배하는 원동력은 교회의 예전을 통한 예배로부터 얻어집니다. 교회의 예전을 통한 예배가 단지 의식이 아니라 역동성을 갖는 건 일상 예배의 경험으로부터 주어집니다. 예전을 통한 예배와 일상에서 선한 삶의 실천을 통한 예배가 서로 독립되어 있지 않고 긴밀히 상호작용을 하는 예배를 '온전한 예배'라 말할 수 있습니다.

간단히 말해 보죠. 예배는 하나님의 초대에 응답하여 하나님 앞으로 나아간 성도가 지상에서 영생을 사는 한 방식이며, 이는 하나님에 전인격적으로 반응하는 신앙 행위로 표현됩니다. 이렇게 말할 수 있는 까닭은요, 영생의 의미는 이 땅의 삶

---

8) 최근에 심각하게 인지되는 기후 위기는 자연 곧 피조물에 대한 인간의 반응이 적합하지 않았음을 폭로한다.

에서 하나님과 함께 거하는 삶이며(고전 7:24)[9], 생명 자체이신 하나님과의 친밀한 사귐이고(요일 1:3)[10], 그리고 새로운 존재 양식으로 창조되어 새로운 피조물로 사는 것(고후 5:17)[11]이기 때문입니다. 온전한 예배를 통해 인간은 영과 혼과 몸을 통해 하나님이 과거에 행하신 일과 지금 행하시고 있는 일 그리고 특히 앞으로 행하실 일에 반응하고, 하나님의 말씀에 반응하며, 하나님의 뜻에 반응합니다. 여기에 더해 이웃 및 자연과 더불어 살면서 자연의 생태계와 그리고 이웃의 말과 행위와 생각에도 진정성을 갖고 반응합니다. 이로써 예배자는 예배를 통해 자신이 새로운 피조물이 되었음을 실천합니다.

2. 왜 예배하나요?

앞서 말했듯이, 예배는 창조 이후 계속 이어진 피조물의 신앙 행위이며, 기독교 예배 전통은 구약시대로 거슬러 올라갑니다. 하루아침에 필요에 따라 만들어진 것이 아닙니다. 무엇보다 하나님의 계시에 기원을 두고요, 하나님의 계시에 반응하는 방식이 다양한 변화를 거쳐 오늘날 예배의 모습으로까지 이어진 겁니다.

---

9) **고전 7:24** "형제들아 너희는 각각 부르심을 받은 그대로 하나님과 함께 거하라"

10) **요일 1:3** "우리가 보고 들은 바를 너희에게도 전함은 너희로 우리와 사귐이 있게 하려 함이니 우리의 사귐은 아버지와 그의 아들 예수 그리스도와 더불어 누림이라"

11) **고후 5:17** "그런즉 누구든지 그리스도 안에 있으면 새로운 피조물이라 이전 것은 지나갔으니 보라 새 것이 되었도다"

그렇다고 해서 예배하는 이유 혹은 목적을 과거의 전통에서만 찾는 건 바람직하지 않습니다. 왜냐하면 예배는 살아계신 하나님과 인간, 인간과 인간의 실제적이고 인격적인 상호관계를 의미하기 때문입니다. 인격적인 상호관계는 전통에 따라서만 규정될 수 없습니다. 전통이 갖는 의미가 크긴 하나 예배하는 이유에서만은 전통을 넘어서야 합니다. 늘 새로워져야한다, 이렇게 말할 수 있습니다. 왜냐면 유대인들은 하나님과의 관계를 혈연에 따라 그리고 조상들의 종교 전통에 따라 생각했지만요, 요한복음에서 읽어볼 수 있듯이, 예수 그리스도를 통해 그리고 그 안에서 이루어지는 하나님과 인간의 관계는 혈과 육으로 혹은 전통으로 되는 것이 아니기 때문입니다(요 1:13).12) 하나님의 자녀가 되는 건 오직 예수 그리스도를 믿음으로써만 가능하다고 했어요(요 1:12).13) 그래서 참 예배는 영과 진리로 예배하는 것이라 말한 겁니다. 곧 성령 안에서 예수 그리스도와 연합함으로써 예배하는 것입니다.

그렇다면 우리가 하나님을 예배해야 하는 이유 혹은 목적은 무엇인가요? 이 질문과 관련해서 성경은 크게 여섯 가지를 말합니다.

첫째, 하나님 자신이 찬양과 경배를 받기에 합당하기 때문입니다(시 46:10, 72:18, 136:4, 148:13, 사 5:16, 6:3, 계 4:11).14)

---

12) **요 1:13** "이는 혈통으로나 육정으로나 사람의 뜻으로 나지 아니하고 오직 하나님께로부터 난 자들이니라"
13) **요 1:12** "영접하는 자 곧 그 이름을 믿는 자들에게는 하나님의 자녀가 되는 권세를 주셨으니"
14) **시 46:10** "이르시기를 너희는 가만히 있어 내가 하나님 됨을 알지어다 내가 뭇 나라

둘째, 인간은 하나님을 예배하도록 창조되었기 때문입니다 (사 43:21).15)

셋째, 하나님은 세상을 구원하셨기 때문입니다(엡 1:3-14).16)

넷째, 하나님은 참으로 예배하는 자를 찾으시기 때문입니다 (요 4:23~24).17)

다섯째, 하나님이 예배를 직접 명령하셨기 때문입니다(사 66:23, 겔 46:3).18)

중에서 높임을 받으리라 내가 세계 중에서 높임을 받으리라 하시도다"; 시 72:18 "홀로 기이한 일들을 행하시는 여호와 하나님 곧 이스라엘의 하나님을 찬송하며"; 시 136:4 "홀로 큰 기이한 일들을 행하시는 이에게 감사하라 그 인자하심이 영원함이로다"; 시 148:13 "여호와의 이름을 찬양할지어다 그의 이름이 홀로 높으시며 그의 영광이 땅과 하늘 위에 뛰어나심이로다"; 사 5:16 "오직 만군의 여호와는 정의로우시므로 높임을 받으시며 거룩하신 하나님은 공의로우시므로 거룩하다 일컬음을 받으시리니"; 사 6:3 "서로 불러 이르되 거룩하다 거룩하다 거룩하다 만군의 여호와여 그의 영광이 온 땅에 충만하도다 하더라"; 계 4:11 "우리 주 하나님이여 영광과 존귀와 권능을 받으시는 것이 합당하오니 주께서 만물을 지으신지라 만물이 주의 뜻대로 있었고 또 지으심을 받았나이다 하더라"

15) 사 43:21 "이 백성은 내가 나를 위하여 지었나니 나를 찬송하게 하려 함이니라"

16) 엡 1:3~14 "찬송하리로다 하나님 곧 우리 주 예수 그리스도의 아버지께서 그리스도 안에서 하늘에 속한 모든 신령한 복을 우리에게 주시되 곧 창세 전에 그리스도 안에서 우리를 택하사 우리로 사랑 안에서 그 앞에 거룩하고 흠이 없게 하시려고 그 기쁘신 뜻대로 우리를 예정하사 예수 그리스도로 말미암아 자기의 아들들이 되게 하셨으니 이는 그가 사랑하시는 자 안에서 우리에게 거저 주시는 바 그의 은혜의 영광을 찬송하게 하려는 것이라 우리는 그리스도 안에서 그의 은혜의 풍성함을 따라 그의 피로 말미암아 속량 곧 죄 사함을 받았느니라 이는 그가 모든 지혜와 총명을 우리에게 넘치게 하사 그 뜻의 비밀을 우리에게 알리신 것이요 그의 기뻐하심을 따라 그리스도 안에서 때가 찬 경륜을 위하여 예정하신 것이니 하늘에 있는 것이나 땅에 있는 것이 다 그리스도 안에서 통일되게 하려 하심이라 모든 일을 그의 뜻의 결정대로 일하시는 이의 계획을 따라 우리가 예정을 입어 그 안에서 기업이 되었으니 이는 우리가 그리스도 안에서 전부터 바라던 그의 영광의 찬송이 되게 하려 하심이라 그 안에서 너희도 진리의 말씀 곧 너희의 구원의 복음을 듣고 그 안에서 또한 믿어 약속의 성령으로 인치심을 받았으니 이는 우리 기업의 보증이 되사 그 얻으신 것을 속량하시고 그의 영광을 찬송하게 하려 하심이라"

17) 요 4:23~24 "아버지께 참되게 예배하는 자들은 영과 진리로 예배할 때가 오나니 곧 이 때라 아버지께서는 자기에게 이렇게 예배하는 자들을 찾으시느니라 하나님은 영이시니 예배하는 자가 영과 진리로 예배할지니라","

18) 사 66:23 "여호와가 말하노라 매월 초하루와 매 안식일에 모든 혈육이 내 앞에 나아와 예배하리라", 겔 46:3 "이 땅 백성도 안식일과 초하루에 이 문 입구에서 나 여호와 앞

마지막 여섯째는 교회를 온전히 세워야 하기 때문입니다(고전 14:4, 26).[19]

예배의 이유는 예배의 목적을 포함해요. 그러니 예배의 목적을 알기 위해선 예배의 이유를 살펴보면 됩니다. 예배의 목적은 첫째, 하나님이 참 하나님이심을 드러내는 것입니다.

둘째, 인간이 삼위 하나님의 영광에 참여하여 하나님과 친밀한 사귐이 있도록 하는 것입니다.

셋째, 세상이 하나님의 말씀대로 되도록 하는 것입니다.

넷째, 세상의 구원과 성화에 있습니다.

다섯째, 순종을 통해 이 땅에서 하나님 나라의 생명을 누리기 위함입니다.

여섯째, 서로를 격려하고 위로하고 사랑함으로써 교회를 온전히 세우기 위함입니다.

이상의 여섯 가지 예배하는 이유와 목적이 '왜 예배하느냐'고 물을 때 우리가 대답해야 할 것들입니다.

특히 교회를 온전히 세운다는 건 공동체성을 염두에 둔 말입니다. 성도가 서로 교제하고, 선한 행위를 베풀고, 서로 격

에 예배할 것이며"

19) **고전 14:4** "방언을 말하는 자는 자기의 덕을 세우고 예언하는 자는 교회의 덕을 세우나니"; **26절** "그런즉 형제들아 어찌할까 너희가 모일 때에 각각 찬송시도 있으며 가르치는 말씀도 있으며 계시도 있으며 방언도 있으며 통역함도 있나니 모든 것을 덕을 세우기 위하여 하라". 여기서 '덕'으로 번역된 말은 엄밀히 말해서 서로를 세워 주고, 서로 격려하며 서로를 온전케 하는 말과 행위를 의미합니다.

려하고 위로하며 성도를 온전케 하는 일이지요. 이 일이 예배를 통해서 일어난다는 사실은 매우 중요합니다.[20] 그 이유는요, 예배를 지나치게 하나님 중심으로만 보는 관점은 사람에게 일어나는 예배의 효과를 간과하는 경향을 낳기 때문입니다. 예배를 생각할 때 교회와 일상을 함께 고려해야 하듯이, 예배할 때 두 초점을 고려해야 합니다. 곧 하나님과 사람입니다. 최근에는 자연의 중요성 때문에 다초점을 가진 구조로서의 예배를 생각하는 것이 좋겠어요. 다시 말해서 예배의 목적은 하나님과의 사귐을 갖고, 공동체를 온전히 세우며, 그리고 우주론적인 맥락에서 세상을 온전케 하시는 하나님의 사역에 동역하기 위함입니다.

3. 예배에 참여한다는 것은 무엇을 의미하나요?

1) 종교의식?

현대 대한민국 사회 안에서 교회의 위상을 생각할 때 흔히 탈 교회 시대(교회를 탈퇴하는 사람이 많아지는 특징을 가진 시대) 혹은 교회가 비판받는 시대(교회가 세상의 근심거리로 전락한 시대)라 말합니다. 이런 시대의 성도들을 위한 예배 교육에서는 우선 다음의 질문에 대답하는 것이 필요해 보입니다.

성도가 교회를 떠나 가나안(교회에 출석하지는 않아도 그리스도인

---

20) 이점은 다음의 책에서 강조되어 다뤄지고 있습니다. D.A. Carson and etc., *Worship by the Book*, 박세혁 옮김, 『말씀 아래서 드리는 예배』(서울: IVP, 2021).

정체성을 갖고 사는) 성도의 정체성을 갖고 살고 또 교회가 세상으로부터 비난을 받는 것이 일상이 된 때에 성도가 예배에 참여한다거나 혹은 예배의 자리로 나아간다는 것은 무엇을 의미할까요? 온라인 예배로 충분하다는 생각이 많은데, 굳이 교회에 출석해야 할 이유는 있을까요? 올바르게 혹은 영과 진리로 예배하기 위해 성도들이 반드시 알아야 할 것과 훈련되어야 할 것은 무엇일까요?

하나님을 믿지 않는 사람에게 예배는 단지 종교적인 의식 행위로만 비칠 것입니다. 그러하기에 그들은 색다른 프로그램이 있는 절기 예배를 인류학적 문화적인 관심에서만 들여다봅니다. 그들은 하나님을 알지 못하며 또 그분 앞에서 자신이 어떤 존재(피조물이며 죄인이며 용서받을 수 있는 자)인지를 알지 못하고 또 말한다 해도 인정하지 않습니다. 믿음이 없기 때문입니다.

그러나 지인의 초대에 응해 참여했든 혹은 자발적으로 왔든 그들이 예배에 참여했다면요, 그건 하나님의 부르심에 따른 결과라 볼 수 있어요. 성령 하나님의 내적 부르심이죠. 하나님은 신앙이 없는 사람들이라도 예배의 참여를 전혀 개의치 않으십니다. 어떤 이유와 동기에서든 믿지 않는 자들이 거룩하신 하나님이 현존하는 예배에 참여한다는 건 그들이 예수 그리스도의 은혜에 힘입어 하나님의 영광 가운데 있다는 뜻입니다. 죄용서의 은혜와 사랑으로 가능하게 된 일입니다. 그들은 다만 그것의 의미를 깨닫지 못해 적합한 반응을 보이지 못할 뿐이지요. 원석을 갖고 있어도 다이아몬드를 식별한 안목이 없어 그저 보통 이상의 돌로만 여기는 것과 마찬가지입니다.

그러나 예배로 초대된 자에게는 성령님의 감동에 의한 변화가 일어날 수 있고 거룩하신 하나님과의 친밀한 사귐을 누릴 수 있습니다. 적어도 기대할 수 있습니다. 누구든지 예배의 자리로 나아가는 자는 예수 그리스도를 통해 주신 하나님의 은혜를 덧입기 때문입니다. 그들이 전인격적으로 하나님의 은혜를 경험할 것인지는 오직 하나님의 주권에 달렸습니다. 그들을 부르신 하나님의 뜻은 예배하는 중에 그들이 보고 듣고 경험하는 것을 바탕으로 예수 그리스도를 알고 성령님의 감동으로 마음 가운데 영접하는 데에 있습니다. 무엇보다 하나님의 은혜와 사랑에 전인격적으로 반응하는 데 있습니다. 그러나 만일 예전의 의미를 전혀 모르는 상황이라면 오직 교회의 분위기와 자기 관심을 끄는 순서에만 집중하게 되어 예배에 깊이 들어가지 못합니다. 은혜를 은혜로 경험하지 못하는 거죠. 하나님을 참 하나님으로 인정하지 못합니다.

비록 새 가족이라도 그들을 예배에 초대하여 함께 예배하도록 애쓰는 이유는 예배하는 중에 성령님의 역사가 일어나길 기대하기 때문입니다.

2) 부르심에 순종하고 하나님의 영광 안으로 들어가는 일

하나님을 믿는 성도의 경우는 다릅니다. 성도가 예배에 참여한다는 건 일상에서 부르심(계 4:1 "...이리로 올라오라...")에 순종하는 일입니다. 또한 예배는 하나님의 현존을 전제하는 것이기에 하늘로부터 땅으로 오신 하나님의 임재 가운데 곧 하나님의 영광 안으로 들어가는 일입니다. '하나님의 영광 안으로 들어간다'라는 건 첫째, 삼위일체 하나님의 사귐 안으로 들어가 하나님이 베푸시는 은혜와 사랑을 감사와 기쁨으로 누리는 일입니다. 은혜 아니면 불가능한 일이고요, 이는 오직 성령님을 통해서만 가능한 일입니다. 이와 더불어 둘째, 새로운 피조물로서 하나님에게 나아가 그 앞에 서는 일입니다. 흠결로 가득한 죄인이 거룩한 분을 뵙는 것이니, 이 일은 사실 죽을 각오가 없이는 가능하지 않습니다. 엎드려 경배할 수밖에 없어요.21) 그러므로 성도는 부르심을 받아 예배의 자리로 나아갈 때마다 한편으로는 감사와 기쁨으로 다른 한편으로는 두려움과 떨림으로 하나님의 은혜를 기대하는 것이 마땅합니다.

그러나 예수 그리스도의 의에 힘입어 예배에 참여하도록 부름을 받은 성도는 은혜의 보좌 앞으로 담대하게 나갑니다.22) 죄인이 거룩하신 하나님의 보좌 앞으로 나아갈 수 있는 건 오

---

21) **계 4:10** "이십사 장로들이 보좌에 앉으신 이 앞에 엎드려 세세토록 살아 계시는 이에게 경배하고 자기의 관을 보좌 앞에 드리며 이르되"; **계 5:8** "그 두루마리를 취하시매 네 생물과 이십사 장로들이 그 어린 양 앞에 엎드려 각각 거문고와 향이 가득한 금 대접을 가졌으니 이 향은 성도의 기도들이라"; **계 5:14** "네 생물이 이르되 아멘 하고 장로들은 엎드려 경배하더라"

22) **히 4:16** "그러므로 우리는 긍휼하심을 받고 때를 따라 돕는 은혜를 얻기 위하여 은혜의 보좌 앞에 담대히 나아갈 것이니라"; **히 12:22~24** "그러나 너희가 이른 곳은 시온 산과 살아 계신 하나님의 도성인 하늘의 예루살렘과 천만 천사와 하늘에 기록된 장자들의 모임과 교회와 만민의 심판자이신 하나님과 및 온전하게 된 의인의 영들과 새 언약의 중보자이신 예수와 및 아벨의 피보다 더 나은 것을 말하는 뿌린 피니라"

직 은혜로만 가능해요. 은혜 없이는 예배 자체가 불가능합니다. 그러므로 예배하는 자로서 성도가 갖추어야 할 태도는 감격(기쁨)과 감사와 경외(공경하며 두려워하는 마음과 친밀한 관계를 표현하는 마음)입니다. 누구든지 예수 그리스도의 은혜 때문에 담대히 나아갈 수 있으나 믿음이 없이는 하나님을 기쁘시게 하지 못합니다. 믿는 자의 예배 역시 그들이 하나님의 은혜와 영광 가운데로 초대되었기에 가능한 겁니다.

3) 예배는 삼위 하나님의 사귐으로의 초대

한편, 이 땅에서의 예배는 하늘의 영광중에 계실 뿐 아니라 친밀한 사귐 가운데 계시는 삼위 하나님과의 만남을 선취(사건이 일어나기 전에 약속에 대한 기대 가운데 경험하는 것)하여 구체적으로 실천합니다. 이런 의미에서 예배는 신비입니다. 상징 행위로 구성되어 있으나 하나님이 그것을 사용하여 당신을 나타내시기 때문입니다. 그러므로 예배 참여자는 신비로운 사건에 대한 기대가 있어야 합니다. 하나님의 영광을 접하고 변하지 않은 사람은 없습니다. 변하지 않았다면 그것은 참 하나님이 아니라 내 안의 우상이거나 믿음이 없기 때문이지요. 믿음이 있다면서도 변하지 않는다면, 그것은 하나님의 영광을 알지 못하거나, 인정하지 않거나, 참 하나님이 오실 때 엉뚱하게(어떻게 반응하길 배우지 못해) 반응했기 때문입니다. 사람의 몸을 입고 오신 예수 그리스도를 만났으나 회개하지 않아 결국 예수 그리스도를 십자가에 못 박은 인간과 다르지 않아요. 몰랐기 때

문일 수 있지만, 의도적으로 부정하기도 했습니다. 인간은 본래 빛보다 어둠 속에 있길 좋아합니다.[23]

성령님을 통해 예수 그리스도와 연합하여 거룩하신 하나님 앞에 있게 될 때 성도에게 변화는 불가피합니다. 사도 요한은 부르심을 듣고 성령에 감동되었다고 했는데요[24], 사실 그는 하나님과 함께 있으나 죽지 않는 영광의 몸으로 변한 것입니다. 예배에서 성도는 새로운 창조를 경험합니다. "이전 것은 지나갔으니 보라 새것이 되었도다!" 사도 바울도 하늘에 올라간 경험을 전하면서 자신이 영광의 몸으로 변했음을 고백했습니다.[25] 그러나 변화 산에서 예수 그리스도의 영광을 보았어도 온전히 변하지 않았던 베드로처럼 인간은 마지막 때 부활의 영광에 참여하기 전까지는 하나님의 온전케 하심을 기대하면서 성화의 과정을 거칠 수밖에 없습니다. 예배는 하나님 나라에서 누릴 삼위 하나님의 친밀한 사귐으로의 초대를 미리 앞서 경험하는 신비로운 일입니다.

하나님과의 만남이 생각과 삶에서 변화로 이어진다는 말을 자주 하고 또 들었지만, 왜 이런 일이 일어나는지 이에 대해서 우리는 깊이 생각하지 않고 사는 것 같습니다. 인간은 왜

---

23) **요 1:5** "빛이 어둠에 비치되 어둠이 깨닫지 못하더라"; **요 1:10~11** "그가 세상에 계셨으며 세상은 그로 말미암아 지은 바 되었으되 세상이 그를 알지 못하였고 자기 땅에 오매 자기 백성이 영접하지 아니하였으나"

24) **계 4:2** "내가 곧 성령에 감동되었더니 보라 하늘에 보좌를 베풀었고 그 보좌 위에 앉으신 이가 있는데"

25) **고후 12:2** "내가 그리스도 안에 있는 한 사람을 아노니 그는 십사 년 전에 셋째 하늘에 이끌려 간 자라 (그가 몸 안에 있었는지 몸 밖에 있었는지 나는 모르거니와 하나님은 아시느니라)"

예배하는 가운데 변화를 경험하는 걸까요? 이 질문에 대답하기 위해서는 성도가 예배의 자리에 참여하는 것 곧 부르심에 순종하여 대면 예배에 참여하는 것과 헌신의 관계에 대해 생각해보는 것이 필요합니다.[26]

4) 예배 현장에 참여한다는 것의 의미

교회가 비판을 받는 현실에서 사람들은 교회등록을 주저하고 정기적인 예배 참여를 꺼립니다. 예배하는 일 자체를 거부하는지는 확실하게 말할 수 없으나 churchless christian(교회에 출석하지 않는 그리스도인) 혹은 가나안 성도라는 정체성을 자처하는 성도가 많아지는 추세를 생각하면, 교회 예배 자체에 큰 의미를 두지 않고 있는 건 분명합니다. 교회가 매력을 상실한 결과입니다. 2018년 기준으로 그 수가 200만을 헤아린다고 합니다. 이런 상황에도 불구하고 예배에 참여하는 건 어떤 의미가 있을까요? 마땅히 하나님을 예배하도록 부름을 받은 자로서 순종하는 행위라 할지라도 "이리로 올라오라"(계 4:1)라는 부르심을 받고 하나님의 보좌 앞으로 나아가 예배의 자리에 육체적으로 모습을 드러내는 데에는 특별한 의미가 있지 않을까요? 특히 교회가 비판을 받는 시대엔 더욱 그렇습니다. 다시 한번 질문을 반복한다면, 이런 시기에 예배에 육체적으로 (대면하여) 참여하는 것은 무엇을 의미할까요?

---

26) 헌신에 관한 필자의 자세한 견해는 다음의 책을 참고: 『예배와 설교 그리고 교회』(서울: 예영, 2018), 217~224.

먼저 예배에 육체적으로 참여한다는 건 영과 혼과 몸이 참여한다는 것을 의미합니다. 예배에 참여하면서 어느 하나에 치중하지 않는 건 하나님과의 관계는 물론이고 인간과 자연과의 관계 그리고 자기 자신과의 관계를 깊이 고려하면서 참여한다는 겁니다. 달리 말한다면 전인격적인 참여를 의미합니다.

보통 자기 자신과의 관계는 자기의 내면을 성찰하고 또 바른 습관을 형성하면서 정립됩니다. 이 과정에서 중시되는 건 감정을 조절하여 부정적 영향을 미치는 감정을 버리고 긍정적 영향을 미치는 감정을 품고, 생각을 말씀에 조율하고, 성령님의 인도에 따라 살려는 의지를 다지는 겁니다.

둘째, 예배에 전인적으로 참여한다는 건 온전한 헌신의 맥락에서 이해할 수 있어요. 구약의 제사는 비록 오늘날 더는 실행되지 않아도 그 의미는 여전히 유효하게 작용하거든요. 구약의 제사는 비록 제물을 통한 의식이었지만, 하나님이 실제로 관심을 두신 건 제물이 아니라 그 제물을 가지고 하나님 앞에 나아온 사람들과 그들의 마음이었습니다. 이점을 오해한 사람들이 불의한 삶과 거룩하지 않은 삶을 살면서도 제물만 바치면 된다고 생각했고요, 나중에는 아무 거리낌도 없이 제사에 합당하지 않은 흠이 있는 제물을 드렸고 또한 하나님에게 합당하지 않은 방식으로 드렸습니다. 제물과 마음, 삶과 제사를 분리하는 등 전인적이지 못한 이런 행태는 하나님의 심판을 초래하였습니다. 사도 바울이 '너희 몸을 거룩한 산 제물로 드리라' 말한 건, 비록 성전 전통의 제사가 무의미해진 상황을 염두에 둔 말이지만요, 사실 이런 부조리를 염두에 둔 것이기도 합니다.

셋째, 성도가 예배의 현장에 육체적으로 현존하는 건 예배 안에서 일어나는 하나님과 인간의 친밀한 사귐을 생각할 때 지대한 의미 작용을 일으킵니다. 잔치는 마련되었으나 내가 참여하지 않는다면 그것은 나를 위한 잔치라고 말할 수 없지요. 잔치가 마련되었으나 내가 참석하지 않는다면, 예배는 나 아닌 다른 누군가에 의해서 행해지겠지만요(성경은 심지어 돌들도 찬양할 것이라고 말했습니다), 나를 위한 잔치일 수는 없습니다. 예배에 관해 이 정도만 인지해도 예배에서 나의 육체적인 참여가 갖는 의미를 충분히 가늠할 수 있을 것입니다.

성경은 예배하는 자를 가리켜 '하나님이 나라와 제사장으로 삼은 성도'(계 5:10)라고 말합니다. '나라'는 하나님의 통치(돌봄)를 의미하고, '제사장'은 하나님 앞에서 하나님을 섬기는 자 곧 예배하는 자를 말합니다. 하나님은 예배하는 자를 통해 세상을 다스리시며 돌보신다는 뜻으로 읽힙니다. 성도가 영과 진리로 예배하고 삶의 각 분야에서 거룩한 산 제물인 일상의 예배자로서 헌신하며 살아갈 때 우리가 알지 못하는 방식으로 하나님의 다스림과 돌보심은 현실로 나타납니다. 이 땅에서 펼쳐지는 다양하고 다층적인 삶을 통해 하나님의 생명을 경험하고, 세상의 시간(크로노스)에 하나님의 때(카이로스)를 경험하는 것입니다.

넷째, 창조 신앙에 근거하여 말한다면, 예배에 전인적으로 참여하는 건 나 자신이 더는 내 것이 아니라 하나님의 것임을 고백하는 의미가 있습니다. 거룩한 산 제물로 바쳐진 상태이기 때문입니다. 세상 만물이 하나님의 것이고(하나님의 창조와 다스림) 예배에서 그것들을 사용하여 하나님께 되돌려 드리듯이 (제사장 직무), 피조물인 나 역시 예배의 자리에 참여함으로써 하나님이 다스리시는 분임을 인정하고 또한 자신을 하나님께 드리며 예배합니다. 이것이 왕 같은 제사장이라는 말의 의미라고 생각합니다. 이 사실은 세상에 살면서도 마찬가지지만 예배에 참여함으로 더욱 분명해져요. 성도는 예배에 참여함으로써 이것을 고백합니다. 하나님의 영광으로 가득한 예배의 현장에서 나는 더는 육체적인 정체성을 고집하는 '나'이기보다는 하나님의 소유로서 '나'입니다. 내가 예배해야 하는 이유는 내가 나의 소유가 아니기 때문입니다. 예배는 하나님이 나에 대한 소유권을 행사하시도록 나 자신을 내어드리는 행위이지요. 이런 의미에서 모든 예배는 헌신의 시간이라 볼 수 있습니다.

그러므로 성도가 예배의 자리로 나아간다는 건 예배에서 특별한 무엇을 경험하기 위함이 아니라 오직 나 자신을 내 것이라고 여기는 생각과 삶을 내려놓겠다는 고백을 표현하는 행위입니다. 하나님의 소유임을 인정하고 실천하는 행위입니다. 주님은 도망친 베드로를 찾아와 목양자로 세우셨듯이, 쓰러진 나를 찾아와 사역자로 세우십니다. 온갖 귀신에 사로잡혀 사람 사는 곳을 떠나 무덤 곁에 지내는 사람을 찾아가셔서 온전케 하셨듯이, 온갖 세상 물정에 빠져 교회를 떠나고 믿음을 떠나 세상 가운데 사는 나를 찾아와 믿음을 온전케 하십니다. 모든 것을 잃고 비참한 삶을 살던 탕자로 하늘을 보게 하셨듯이, 그리스도인의 정체성을 잃고 세상에서 버려진 상태에 있는 나로 주님을 바랄 수 있게 해주십니다.

이에 반해 예배에 참여하지 않는다는 건 나 자신이 내 것임을 주장하는 의미가 있습니다. 이 사실을 모르기 때문에 예배의 자리로 나아오지 않는다면, 그리스도인은 이 사실을 속히 알려서 사람들이 '이리로 올라오라!' 말씀하시는 하나님의 음성을 듣고 반응하도록 해야 합니다. 이것이 바로 전도이지요. 무엇보다 예배를 준비할 때 아직 믿음이 없는 자들이 예배의 자리로 나아가서 함께 예배하기를 원하는 도고(흔히 중보기도로 불리나 사실은 도고)는 예전의 하나로 반드시 드려져야 하는 이유입니다. 불신자나 혹은 평소에 교회에 출석하지 않는 신앙인이 교회에 오게 되기까지 결정적인 역할을 하는 건 그리스도인의 삶입니다. 말씀대로 사는 삶 곧 베풀고 나누고 돕는 삶이었죠. 초대교회가 성장했던 주요 이유가 바로 여기에 있었음을 기억해야 하겠습니다.[27]

---

27) 다음을 참고: Alan Kreider, *Resident But Alien: How The Early Church Grew*, 홍현민 역,

그러나 하나님을 알면서도 예배의 자리로 나아오지 않는다면요, 이것은 창조주이신 하나님에게 보이는 교만의 대표적인 모습입니다. 교만한 자의 전형은 하나님을 알면서도 참 하나님으로 인정하지 않고 예배하지 않는 것입니다. 예배는 더는 제물을 '드리는' 제사가 아니지만, 나 자신을 헌신하는 시간입니다. 하나님이 나를 거룩하게 빚으시도록 맡기는 시간이고, 하나님 앞에서 겸손을 실천하는 일이지요. 보좌에 둘러선 네 생물과 이십사 장로들이 보좌에 앉으신 이에게 엎드리어 경배하며 영원토록 경배하듯이 살아계신 하나님 앞에서 예배하는 겁니다. 하나님의 영광 가운데 거하는 일이며 하나님을 경외하며 겸손히 살아가는 것입니다.

그러므로 가나안 성도가 교회 없는 성도로서의 정체성을 갖고 교회 예배에 참여하지 않으려 하는 데에는 충분한 이유가 있을 수 있고 또한 교회는 그것으로 인해 가슴 아프게 생각해야 합니다. 특정 교회 혹은 목회자 혹은 교인의 잘못 때문이라면 다른 교회로 옮겨 예배에 참여하여 은혜를 누릴 기회를 놓치지 않아야 할 것입니다. 아무리 자기 생각이 옳고 또 가나안 성도의 신분으로 사는 것이 아무리 정당하게 보인다 해도 헌신으로서 예배의 의미에서 스스로 벗어나는 건 바람직하지 않기 때문입니다.

『초대교회에 길을 묻다』(서울: 하늘씨앗, 2021).

헌신으로서 예배의 의미와 관련해서 볼 때, 만일 예배의 자리에 육체적으로 참여하지 않고 있다면, 혹시 우리가 부지중에 하나님 앞에서 자기 자신에 대한 소유권 주장을 내세우는 건 아닌지 한 번쯤 돌아보면 좋겠습니다. 하나님을 예배하는 일이 사람과의 의사소통이나 관계 문제 때문에 포기되지 않도록 하는 것이 하나님을 경외하며 또한 그분과의 사귐을 갈망하는 삶의 자세입니다.

무엇보다 성도 자신이 예배에서 적극적으로 반응할 중심 역할을 인지하고 실행하려면 예배의 의미와 예전(예배 순서들)의 의미를 숙지해야 합니다. 그뿐 아니라 예배의 의미와 예전에 적합한 행동과 태도를 습득하고 또 내면화하기 위해선 반복해서 훈련받아야 합니다. 그리고 새롭고 창조적인 예배의 가능성에 열려 있기 위해 시대에 따라 예배가 어떤 변천 과정을 겪었는지를 숙지하는 것도 도움이 됩니다.

4. 온전한 예배

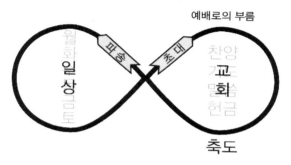

일상과 교회
(온전한 예배)

예배로의 부름

파송   초대

월화   일   찬양
수목   상   기도
금토   말씀
              헌금
              교회

축도

(표 1 일상예배와 교회예배의 유기적 상호관계)

1) 교회 예배와 일상의 예배

예배에는 교회 예배와 일상의 예배가 있습니다. 교회 예배에서는 예전(예배 의식)을 통해 하나님을 예배합니다. 하나님의 말씀과 뜻과 행위에 어떻게 반응해야 하는지를 예전을 통해 실행하면서 학습합니다.

'예배로의 부름'으로 시작해서 '축도'로 마치는 예배는 일상과 맞물려 있습니다. 결단코 분리되지 않습니다. 성도는 일상에서부터 특정한 시간(주일)과 장소에서의 예배로 부름을 받으며, 하나님의 영광 안에서 예전을 따라 하나님의 말씀과 뜻과 행위에 반응하면서 예배하고, 축도를 통해 하나님이 동행하시는 가운데 세상으로 파송 받아 일주일을 삽니다. 그리고 다시 주일에 일상에서 교회 예배의 자리로 부름을 받습니다. 예전을 통한 교회 예배와 삶을 통한 일상의 예배는 부르심과 파송의 관계에서 영원히 순환합니다. 위의 도표에 잘 나타나 있습니다.

일상의 예배는 일상에서 따로 예배 시간을 갖는다는 의미가 아닙니다. 오히려 교회 예배에서 경험한 것들을 삶 속에서 확인하고 구현합니다. 일상에서 하나님의 임재를 바라고, 일상에서도 하나님을 인정하고 찬양하며, 무시로 하나님께 기도하고, 하나님의 말씀을 읽고 또 듣고, 헌신의 삶을 삽니다. 하나님 앞에서 살면서 사람과 자연에 적합하게 반응하며 삽니다. 이것이 바울이 말한 산 제물로 드리는 일이고 또 영적 예배입니다.

일상의 삶을 통해 하나님을 예배하는 삶을 살아낸 인물은 역사에서 너무나도 많다. 그 가운데 대표적인 한 사람을 꼽는다면 영국의 하원의원으로서 노예제 철폐에 지대한 공헌을 한 윌리엄 윌버포스(William Wilberforce)를 들 수 있다. 그의 생애와 업적을 조명한 영화 <어메이징 그레이스>(마이클 앱티드, 2006)에서도 확인할 수 있는데, 그는 정치가로서의 길과 그리스도를 따르는 길 가운데 하나를 선택해야 하는 상황에서 정치가의 길을 선택했다. 물론 과거 노예 매매에 앞장섰으나 회심했던 그리고 찬송가 "어메이징 그레이스"의 작사자인 논 뉴턴(John Newton)의 조언을 듣고 결정한 것이었다. 노예제 철폐를 향한 뜨거운 열정과 지속적인 노력으로 윌버포스는 정치가로서의 길이 곧 하나님 앞에서의 삶임을 입증했다. 그에게 올바른 정치를 위한 삶은 예배와 다르지 않았다. 인간이 하나님의 형상으로 만들어졌다는 성경적 사실에 대한 전인적인 반응이었기 때문이다.

금산교회의 조덕삼과 이자익 두 사람의 이야기 역시 일상의 예배가 무엇인지를 잘 말해준다. 이자익은 조덕삼의 집에서 종으로 지낸 사람이었다. 두 사람이 한 교회에 다녔는데, 장로 선거에서 이자익이 피택되었다. 신분제가 타파된 시기였으나 아직도 사람들의 인식은 쉽게 바뀌지 않은 상태여서 매우 충격적인 일이었다. 그런데 조덕삼은 비록 자기 집 종의 신분이었던 이자익 장로를 그리스도 안에서 열심히 섬겼고, 후에는 신학교로 보내 목사가 되기까지 후원했으며, 목사가 된 후에는 교회의 담임목사로 청빙하였다.

교회 예배는 하나님과 함께 일주일의 삶을 살다가 예배로의 부름을 듣고 하나님의 부르심을 듣고 나아가면서 시작합니다. 교회 예배에서 성도는 일상과 분리된 공간과 구별된 시간으로 나아가지만, 단순한 참여가 아닙니다. 성도는 일주일의 삶을 통해 경험한 각종의 것을 하나님 앞으로 가지고 갑니다. 일상에서 일어난 사건과 일상에서 경험한 일들과 긴밀히 연결되어 있습니다. 일상 예배와 교회 예배는 상호작용합니다. 상호작용의 삶은 기도와 찬양과 헌신하는 태도에 반영됩니다. 설교는 성도들이 일주일의 삶을 반성하며 또 새로운 날을 기대하는 가운데 하나님의 말씀을 들을 수 있도록 전합니다. 축도는 단지 복을 비는 기도가 아니라 성도를 일상의 예배로 파송하면서 성부 성자 성령 하나님이 그들의 삶을 동행하시며 인도하시길 기도하는 의식입니다.

온전한 예배란 무엇보다 영과 혼과 몸으로 곧 전인적으로 예배하는 것을 의미하고 또한 교회 예배와 일상의 예배가 서로 분리되지 않고 상호작용을 하는 예배를 의미합니다.

두 형태의 예배는 분리되지 않아요. 사실 그럴 수도 없습니다. 예전을 통한 교회 예배와 삶을 통한 일상 예배는 예배로서 하나이며, 비록 형태상 구분되긴 하나 결단코 분리되지 않습니다. 어느 것 하나 없이 홀로 존재하는 건 참 예배가 아니라 볼 수 있어요. 일상의 예배 없이 교회 예배는 맹목적입니다. 무엇을 위해 또 무엇 때문에 예배하는지 분명치 않기 때문입니다. 이에 반해 교회 예배 없는 일상의 예배는 무의미합니다. 누구에게 예배하는지 또 어떻게 반응하는지가 분명치 않기 때문이지요.

미로슬라브 볼프(Miroslav Volf)는 양자의 관계에 대해 다음과 같이 말했습니다.

"하나님의 놀라운 구원 행위를 찬양하는 동시에, 선을 행하지 않거나 적극적으로 악을 행함으로써 파괴의 악령들에게 협력하는 것은 근본적으로 위선적이다..... 세상 속에서의 행동 없이 하나님을 경배하는 것은 공허하고 위선적이며, 무책임하고 불경건한 정적주의(quietism)로 변질될 뿐이다."[28]

2) 두 초점 예배(하나님 중심과 사람 중심)

예배는 하나님 중심이어야 합니다. 이 말은 우리가 예배하는 대상은 삼위일체 하나님이라는 뜻입니다. 예배의 시작과 끝은 하나님입니다. 우리를 예배로 부르시는 분이 하나님이고요, 예배 후 세상으로 파송하여 우리를 일상 예배로 부르시는 분도 하나님입니다. 우리와 함께 계시면서 일상이 예배가 되게 하시는 분도 하나님입니다. 그래서 예배는 하나님 중심이라 말합니다.

---

28) D.A. Carson and etc., 『말씀 아래서 드리는 예배』, 58~59에서 재인용.

그러나 이 말을 예배에서 사람을 배제해야 한다는 뜻으로 이해하면 곤란합니다. 나 홀로 하는 예배가 있을 수 있습니다. 그러나 예배에 사용되는 각종 도구를 생각한다면요, 최소한 성경책이 있다는 사실만으로도 그건 이미 나 혼자만의 예배가 아닙니다. 게다가 비록 현장에 함께 있지 않아도 그리스도 안에서 성령님을 통해 연합하는 마음으로 예배하는 것을 당연하게 여기거나 적어도 도고 기도를 드린다면, 아무리 나 혼자 있어도, 그건 이미 나 홀로 예배가 아닙니다. 이것을 설명하는 개념이 바로 사도신경에 들어 있는 '성도의 교통'입니다. 믿음 안에서 성령님을 통해 일어나는 성도의 교통은 성도가 비록 몸은 서로 떨어져 있어도 같은 하나님을 예배하는 자로 경험된다는 겁니다. 예배 가운데 상호 교제가 일어납니다. 이런 의미에서 예배는 신비입니다.

이러니 다른 성도와 함께 참여하는 예배에서 사람을 배제하는 건 있을 수 없지요. 다른 성도와 연합하여 예배하고 또 예배에서 성도 간 사랑의 교제가 중요하다는 건 누구도 부정할 수 없는 현실입니다. 예배를 준비할 때 사람을 충분히 고려해야 하는 이유입니다. 사람 없이 예배 없고, 예배가 있다면 반드시 사람을 고려해야 합니다. 보아야 할 것이 있다면 잘 볼 수 있도록 예배 전에 자리 배치나 스크린 상태를 조절해야 하고, 들어야 한다면 잘 들을 수 있도록 마이크와 스피커 시설을 점검해야 합니다. 언어 사용도 소통할 수 있어야 하지요. 한국 문화에 익숙한 사람에겐 문화적 고려도 생각해야 합니다. 지나치게 양분된 정치 지형도에서 정치를 언급하는 건 바람직하지 않습니다. 다만 원칙적인 차원에서만 고려해야 할 것입니다. 예배는 하나님이 당신의 영광 안으로 초대함으로써 일어나는 일이기에 그곳에서 성도가 기쁨을 표현하고 또 서로 나누는 일은 당연합니다. 서로를 위로하고 서로 격려하며 서로 사랑하는 교제가 예배 안에서 일어나는 건 하나님이 원하시는 일이 아닐까요? 이걸 두고 사람 중심의 예배라 말하면 어떨까요?

그렇다고 해서 사람을 중심에 놓고 하나님을 마치 안 계신 것처럼 여기는 건 불신의 태도입니다. 또한 하나님 중심이라면서 사람을 배려하지 않는 것도 바람직하지 않습니다. 오히려 하나님을 중심에 놓으면서 또한 사람도 중심에 놓는 두 초점의 예배 곧 타원형 예배를 생각할 수 있을 것입니다.[29] 중심이 하나인 원형 예배 특히 하나님 중심인 예배는요, 만일 이것이 아무 문제 없이 온전히 행해진다면 가장 이상적이겠지만, 이 땅에서 그것의 온전한 실현은 불가능합니다. 요한계시록 21~22장에 나오는 예배는 하나님 나라가 온전히 임할 때 모습입니다. 그러므로 예배의 중심을 하나가 아니라 둘로 삼아 실천하는 건 현실적인 측면에서 매우 적합해 보입니다. 하나님 중심 이외에 사람을 또 하나의 중심으로 삼아 예배하기를 실천하는 것이죠. 이는 이미 구약에서도 나타나는 사실입

---

29) 이것에 관한 자세한 글은 두 초점 목회의 가능성을 제시한 다음의 논문을 참조하십시오. 최성수, "탈 교회 시대에 목회 비평의 필요에 관한 연구". 「長神論壇」 Vol. 52 No. 5(2020. 12), 261-287.

니다. 특히 예언서 전통에 따르면 일상에서 사회적 약자를 간과하고 오직 하나님에게만 제사하는 행위는 위선입니다. 신약의 요한 서신은 더욱 명료하게 말합니다.

"누구든지 하나님을 사랑하노라 하고 그 형제를 미워하면 이는 거짓말하는 자니 보는 바 그 형제를 사랑하지 아니하는 자는 보지 못하는 바 하나님을 사랑할 수 없느니라"(요일 4:20)

두 초점 예배가 그동안 하나님 중심의 예배만을 생각했던 사람에게는 그래도 낯설고 심지어 성경의 정신과 기독교 예배의 정신에서 벗어나는 것이라 여겨지겠기에 다시 한번 강조하여 말합니다. 두 초점 예배란 사람을 예배한다는 의미가 아닙니다. 예배의 대상은 오직 삼위일체 하나님입니다. 그러나 예배에 또 하나의 초점을 두는 건 함께 예배하는 사람을 배려하는 일이고 또한 마태복음 25장의 양과 염소의 비유에서도 나와 있듯이, 사람에 진정성을 갖고 반응하는 삶도 하나님을 예배하는 한 모습이라는 걸 환기하기 위함입니다. 온전한 예배란 앞서 말한 일상 예배와 교회 예배를 통합하는 예배는 물론이고 두 초점의 예배를 두고 한 말입니다. 교회 예배도 두 초점을 갖지만, 일상 예배도 두 초점을 갖습니다. 어떤 예배든 하나님을 중심에 두어야 하며 또한 사람도 중심에 두어야 합니다. 두 중심이 서로 싸우도록 해서는 안 되고, 상호관계를 가지면서 중심의 위치를 차지할 수 있는 타원형 구조를 염두에 두어야 합니다. 최근에 지구 온난화로 일어나는 각종 재앙을 생각한다면, 자연환경을 고려하는 다초점 예배를 생각해야 할 때가 곧 올 것입니다. 환경오염으로 지구 생태계가 위협받고 있습니다. 예배의 토착화(전통 문화와 예술을 고려하는 일)와 상황화(정치적 상황을 고려하는 일)를 넘어 이제는 친환경적인 예배로의 탈바꿈을 생각해야 할 시기입니다.

3) 삼중주 예배

예배는 하나님께 합당하게 그리고 인간에게 적합하게 반응하는 신앙 행위입니다. '합당하게'와 '적합하게'를 '전인격적으로'라는 말로 대체해서 사용할 수 있습니다. 이것이 구체적으로 무엇을 의미하는지 살펴보도록 하겠습니다.

'삼중주'라고 표현했는데요, 이것은 영과 혼과 몸, 지성과 감성과 의지, 그리고 믿음과 소망과 사랑을 염두에 둔 표현입니다. 전인격적으로 반응한다는 건 바로 삼중주를 의미합니다. 삼중주 반응은 가장 다른 어떤 방식보다 가장 안정적이고 균형 잡힌 반응입니다. 여기에서 영성이 나옵니다. 엄밀히 말해서 이것의 온전한 형태는 현실에서 찾아보기 쉽지 않습니다. 보통은 성인(聖人)으로 여겨지는 사람을 생각합니다만, 그들도 인간의 연약함을 짊어지고 살았던 사람들이라 온전한 형태로는 반응하며 살지 못했습니다.

영과 혼과 몸으로 반응한다는 건 하나님과의 초월적인 관계에만 치중하지 않고, 또 정신적인 측면만을 중시하지 않으며, 몸의 욕망에 매인 삶을 살지 않는 것을 의미합니다. 하나님과의 바른 관계와 올바른 생각과 마음 그리고 건강한 몸을 가지고 반응하는 겁니다. 몸에 질병이 생기면 건강한 생각이나 하나님과 올바른 관계를 유지하기가 어려워집니다. 하나님과의 관계가 올바르지 못하면 생각이나 몸이 아무 문제가 없는 것 같이 보여도 결국엔 파국을 맞습니다. 영적인 일에서 옳고 몸이 건강하다 해도 정신이나 마음이 온전하지 못하면 모든 것이 정상적으로 보이지 않습니다. 정상적인 것을 파괴합니다. 비정상적인 삶을 살게 됩니다. 그래서 성경은

"사랑하는 자여 네 영혼이 잘됨 같이 네가 범사에 잘되고 강건하기를 내가 간구하노라"(요한3서 1:2)

라고 말한 것입니다. 마찬가지로 살전 5:23에서 바울은

"평강의 하나님이 친히 너희를 온전히 거룩하게 하시고 또 너희의 온 영과 혼과 몸이 우리 주 예수 그리스도께서 강림하실 때에 흠 없게 보전되기를 원하노라"

라고 말했습니다. 영과 혼과 몸의 균형과 조화가 중요합니다.

과거 뇌 과학이 발달하기 전에는 지성을 합리적 추론 능력이라 보고 감정은 지적 활동을 방해하는 것으로 인식했었습니다. 감정을 배제한 이성의 세계를 설명하는 이데아 사상을 주

장한 플라톤이 대표적인 인물입니다만, 근대철학의 문을 연 데카르트 역시 그랬습니다. 그는 할 수만 있다면 감정을 배제해야 올바른 인식이 가능하다고 주장했습니다. 그래서 본질에 이를 원리와 방법을 개발했는데, 방법은 "의심"이고, 원리는 "나는 생각한다, 그러므로 존재한다"입니다.

뇌 과학이 발달하면서 감정의 역할이 새롭게 조명되었습니다. 뇌와 내장 기관에서 나오는 신경전달물질의 역할이 감정에 중요한 역할을 하는 것과 지성보다 감정이 더 빨리 활성화되어 감정이 지적 활동에 영향을 미친다는 사실도 과학적으로 밝혀냈습니다. 특히 감정이 무의식의 세계를 지배하여 이성이 통제할 수 없는 방식으로 사람에게 영향을 미친다는 사실이 알려지면서, 감정을 조절하고 통제하여 오히려 지성 활동에 도움을 주는 방식에 관한 연구도 활발하게 일어났습니다. 사실 이는 감정이 이성의 활동을 방해한다는 원리를 과학적으로 입증한 것입니다만, 뇌 과학에 의한 감정의 발견은 사람들이 감정의 의미와 역할에 주목하도록 했습니다.

의지는 결정하고 실행하는 일입니다. 이성과 감정의 상호작용을 통해 수긍이 될 때 의지가 발현되는데, 무엇보다 올바른 생각과 절제된 감정을 바탕으로 할 때 이상적인 의지의 발현을 기대할 수 있습니다. 어느 한쪽에 치우치면 의지 역시 왜곡됩니다. 이성의 노예가 되어 냉혈한이 되고, 감정의 노예가 되어 사람과의 관계가 망가집니다. 감정은 죄를 짓는 행위에 가장 크게 영향을 미치는 요인입니다.

그러니 전인격적으로 반응한다는 건 영과 혼과 몸 그리고 지성과 감성과 의지를 균형과 조화의 원리에 따라 통합하여 반응하는 것이라 말할 수 있습니다.

무엇보다 그리스도인은 위의 두 가지 이외에도 한 가지가 더해져야 하는데요. 믿음과 소망과 사랑으로 반응하는 것입니다. 사실 세 가지는 서로 떼려야 뗄 수 없는 관계입니다. 믿음 없는 소망과 사랑을 생각할 수 없고, 소망 없는 믿음과 사랑, 그리고 사랑 없는 믿음과 소망을 생각하기 쉽지 않습니다. 그러니 전인격적인 반응을 말할 때 믿음과 소망과 사랑을 말하는 건 지극히 당연합니다.

그렇다면 믿음과 소망과 사랑으로 반응한다는 건 무엇을 의미하나요? 믿음이 없는 소망과 사랑을 생각해보지요. 소망은 약속을 전제합니다. 그러나 약속하신 하나님에 대한 믿음이 없이 그의 약속을 신뢰할 수 있을까요? 상대에 대한 믿음도 없이 사랑할 수 있을까요? 육체의 쾌락을 위한 사랑이라면 가능할 수 있지요. 그러나 지속적인 관계를 전제하는 사랑은 믿음 없이는 불가능합니다.

마찬가지로 소망이 없는 믿음과 사랑을 생각해보면 어떤가요? 믿어요. 그리고 사랑해요. 그러나 기대할 수가 없어요. 이 말이 가능할까요? 만일 그렇다면 그 믿음은 내 생각과 마음에 대한 나의 믿음에 불과한 거죠. 상대의 신실함은 전혀 고려하지 않은 것입니다. 상대를 믿지 않고 어떻게 내 인격을 거는 사랑을 할 수 있겠어요. 그럴 수 없지요. 인격적이지 않은 존재를 사랑하고 그것을 믿으면서 그것으로부터 무엇인가를 기대하는 건 나의 사랑에 불과하고, 우상숭배에 불과합니다. 그것은 올바르지 않은 겁니다.

마찬가지로 사랑 없는 믿음과 소망은 어떤가요? 생각할 수 있나요? 어느 정도는 가능해요. 내게 유익이 된다고 생각하면요, 사랑 없이도 믿고 또 소망할 수 있습니다. 세상에는 이런 종류가 너무 많습니다. 사랑 없는 결혼도 있고요, 사랑 없는 헌신도 있습니다. 자기 몸을 내어주는 그런 희생도 가능하다고 사도 바울은 말하고 있어요. 그러나 그것은 울리는 꽹과리 같다고 했지요. 사랑 없이 행할 수는 있어도, 사랑이 없는 그 어떤 행위는 아무것도 아닙니다. 무의미합니다.

그러니 우리가 전인격적으로 반응한다는 건요, 믿음과 소망과 사랑을 가지고 해야 합니다. 이 가운데 하나라도 없으면 온전한 반응이 아닙니다.

정리하여 말한다면, 온전한 예배란 일상 예배와 교회 예배가 분리되지 않고 서로 유기적 상호작용을 하는 예배입니다.

온전한 예배란 두 개의 중심이 있는 예배 곧 하나님 중심과 사람 중심의 두 초점 예배입니다.

온전한 예배는 삼중주 예배입니다. 영과 혼과 몸이 서로 상호작용을 하는 가운데 하나님과 사람에게 적합하게 반응하는 예배입니다. 감성과 지성과 의지가 통합하면 영성이 형성됩니다. 온전한 예배는 영성으로 드리는 예배입니다. 온전한 예배는 믿음과 소망과 사랑으로 반응하는 예배입니다.

지금까지 온전한 예배에 관해 살펴보았습니다. 이제는 예전 가운데 가장 보편적인 요소를 중심으로 그것의 의미와 왜 그렇게 하는지에 관해 설명하도록 하겠습니다.

"우리가 교회에서 행하는 모든 예배 의식은, 그것이 상징하는 의미를 교회 바깥 현장에서 그대로 실천하지 않는 한, 한낱 속임수 허풍일 따름입니다. 위선자가 되느니 아예 처음부터 교회에 나오지 않는 것이 더 낫습니다. 그러면, 믿지 않는 자들 앞에서 복음을 더럽히는 짓은 하지 않을 테니까요."(요한 크리소스토무스, 『단순하게 살기』, 서울: 아침이슬, 2008, 110쪽)

[내용 이해를 위한 질문]

1. 요한계시록 2~3장의 교회 회복과 4~5장의 천상 예배와의 관계에 대해 생각해보고 정리해보라.

2. 성경은 예배에 대해 무엇이라 말하는가? 요 4:24과 롬 12:1(참고 미 6:8)을 읽고 정리해보라.

3. 예배하는 이유와 목적은 무엇인가?

4. 교회 예배와 일상 예배를 정리해보라.

[나의 온전한 예배를 위해 적용할 점]

1. 교회 예배에서 예전의 의미는 어느 정도 숙지하고 있는가?

2. 일상이 예배로 여겨지지 않는 이유는 무엇인가?

3. 나에게 있어서 교회 예배와 일상 예배는 어느 정도 상호작용하는가?

2

온전한 예배

예배로의 부름

파송 초대

일상 찬양 교회 현금

축도

1. 성도가 알아야 할 예전의 기본 의미와
요구되는 반응 1

1) 예전, 하나님과 인간의 상호 반응을 중재

"하나님께 드릴[예배할] 때 하는 외면적 행동이나 몸짓들은 겸비함과 경외함을 의미하기 위하여 만들어낸 관습[의식]으로서, 그것들이 우리의 마음이나 다른 사람의 마음에 영향을 주는 성향을 가질 때에만 소용이 있습니다."(조나단 에드워즈, 『신앙과 정서』, 67)

(1) 예배에서 무슨 일이 일어나는가?

예배를 마치고 나오는 성도에게 묻습니다.

"예배에서 무슨 일이 일어났나요?"

대부분의 성도는 이런 질문을 듣고 의아해하며 반문합니다. "예배에서 무슨 일이 일어나다니요? 특별한 일이 있었나요? 내가 뭐 놓친 것이 있었나요?"

그래서 다시 묻습니다. "혹시 예배 순서 가운데 '예배로의 부름'은 왜 있는지 아시나요? 이것에 어떻게 반응하는지 알고는 계시나요?"

"그야 예배하러 오라는 부르심이지요. 예배가 시작한다는 알림이기도 하고요. 예배에 참석하는 것이 원하는 반응 아닌가요?"

"그렇다면 예배에 왜 꼭 찬송이 있는 건가요?"

"그야 하나님을 찬양하는 거 아닌가요?"

왜, 무엇 때문에, 무슨 목적으로 예배 순서가 있는지 물었으나 대답은 순서에 따랐을 뿐 깊이 생각해보지 않았다고 말합니다. 찬양은 찬양하는 것이고, 설교는 목사님의 말씀을 하나님 말씀처럼 듣는 시간이고, 기도는 하나님께 간구하는 것이고 등등.

그러니까요, 예배 순서인 예전의 '의미'는 알지 못한 채 예전을 단지 순서로 이해하고 순서에 따라 예배에 참여하다가 축도가 끝나면 예배가 끝났다고 생각해 일상으로 돌아갑니다. 일상은 설교에서 깨달은 말씀을 '적용하는' 현장이 됩니다. 그런데 설교 말씀을 기억하는 사람이 얼마나 될까요?

예배 후 설교에서 받은 은혜를 나누는 시간을 가질 때 성도들에게 물어보면요, 상당수가 설교 제목이나 본문도 기억하지 못하고 설교 내용도 대략적인 것만을 기억합니다. 그러니 교회를 떠나 일상으로 돌아가면 기억 속에 얼마나 남아 있을까요?

(2) 교회 예배는 상징행위이면서 실제 사건

교회 예배는 기본적으로 상징행위로 구성되나, 예배에서 상징행위에 참여하는 사람에게는 실재(하나님)에 대한 경험이 이루어집니다. 예컨대 결혼반지를 만드는 데 사용되는 다이아몬

드나 금은 결혼의 영원성을 상징하지요. 어려운 형편에도 결혼반지를 금으로 장만하는 이유가 있어요. 왜냐면 비록 상징에 불과해도 반지를 서로 교환함으로써 결혼 당사자는 결혼의 영원성을 기대하고 또 그것을 지킬 것을 상호 다짐하면서 결혼의 의미를 실행하기 때문입니다. 상징인 결혼반지를 매개로 두 사람의 상호신뢰가 표현됩니다.

상징은 보이지 않는 것들을 감각적으로 지각하게 하는 힘이 있습니다. 그렇다고 해서 상징과 상징물 안에서만 의미를 갖는 존재와 동일시해서는 안 됩니다. 결혼반지가 상호신뢰를 상징하지만, 그렇다고 해서 반지 자체가 상호신뢰를 일으키진 않습니다. 상징이 효력을 나타내기 위해서는 상징의 의미에 대한 믿음이 서로에게 있어야 합니다.

예배하는 자는 예전이 갖는 상징의 의미를 내면화함으로써 보이지 않는 하나님의 현존으로까지 나아갑니다. 상징은 의미를 공유하는 사람들의 행위에 동기를 부여하고 목적의식을 일깨워줍니다. 서로 이질적인 성향의 성도가 공동체를 구성하는 일에서 상징은 매우 중요한 역할을 합니다. 서로 다른 생각과 습성들에도 불구하고 하나님의 말씀과 행위에 대해 비록 모양은 달라도 일치된 반응을 이끕니다. 비록 삶의 환경과 문화 그리고 경험이 달라도 예전은 공동체 안에서 일치된 행동이 가능해지도록 합니다. 예전은 일상의 삶을 예배로 인지하고 또 예배로서의 삶을 실천할 수 있도록 안내합니다. 예전에 학습효과가 있으므로 가능한 일이죠. 만일 예전의 의미를 알지 못하면 예배에 참여해도 하나님의 현존에까지 들어가기 쉽지 않습니다. 예배에서 하나님이 무엇을 행하시고 어떤 말씀을 하시는지 알지 못합니다. 예배 안에서 공동체의 유기적인 일치를 경험하는 일도 어렵습니다. 예전에 따른 예배 경험이 없이는 일상에서 하나님을 인지할 틀을 갖추는 일은 거의 불가능하다고 말할 수 있습니다. 물론 그렇다고 해서 하나님 경험이 전혀 없는 건 아니에요. 종종 하나님의 주권적인 역사로 뜻밖의 은혜를 경험할 수 있습니다. 다만 그것이 구체적으로 무엇을 의미하는지 물을 때 예전의 의미를 알지 못하면 대답하기 쉽지 않습니다. 하나님이 다가오셔도 그냥 지나칩니다. 하나님의 말씀을 그저 도덕적인 교훈으로 듣습니다. 예전은 상징이며, 상징이 가리키는 행위가 실제로 일어나도록 인도하는 매체이고, 예전이 내포하는 의미를 실제 삶에서 인지할 수 있도록 돕는 교육 매체입니다. 예전을 통해 하나님을 예배할 때 하나님의 영광 안으로 초대된 사람으로서 경험이 이루어집니다. 이런 의미에서 예배는 상징행위를 넘어 신비입니다.

예배는 하나님의 현존을 상징하는 예전인 '예배로의 부름'으로 시작하고, 하나님이 베풀어주신 은혜와 사랑은 감사와 찬양의 예전을 통해 재현되며, 성도는 전인격적으로 예전에 참여함으로써 하나님의 임재와 말씀과 행위에 반응합니다. 예전은 비록 상징이라 해도 진심으로 예배할 때 실제로 예배의 실천을 안내하기 때문에 단지 순서를 진행하는 의식으로만 이해해서는 안 됩니다. 예배에는 살아계신 하나님이 성령님을 통해 현존하시어 하나님의 영광이 가득하기에 예배하는 자는 상징행위의 의미를 넘어 실제로 하나님의 은혜와 사랑, 그분의 말씀과 행위에 전인격적으로 반응해야 합니다. 이런 의미에서 예배는 실증적입니다. 곧 예배는 의식을 통한 신앙 행위이면서 동시에 의식을 따를 때 살아계신 하나님과 성도 간에 실제로 소통이 일어납니다. 이 사건을 기대할 수 있게 하고 또 실제의 예배를 이끄는 것이 예전입니다. 예배는 예전을 통해서든 아니면 이웃과 세계에 대한 선한 삶의 실천을 통해서든 성도가 하나님의 은혜와 영광에 전인격적으로 반응하는 것이고요, 하나님 역시 성도의 예배에 신실하게 반응하십니다.

흔히 예배 순서로 알려진 예전은 성도가 예배 안에서 일어나는 일들(하나님의 행위와 말씀)에 어떻게 반응해야 하는지를 이끌어주는 안내자 역할을 합니다. 하나님 앞으로 나아온 자의 기쁨과 겸비하고 경외하는 마음을 표현하도록 돕습니다. 순서와 내용에서 예전은 교회마다 조금씩 다를 수 있으나 예배는 대체로 사중 구조로 이뤄집니다.

하나님 앞으로 나아가기(성령님의 임재를 위한 기원, 송영, 예배로의 부름, 참회 및 사죄 선언, 신앙고백, 영광송, 대표기도),

하나님의 말씀 듣기(교독문 읽기, 성경 읽기, 설교),

하나님의 자기 주심(성찬, 감사의 찬양, 봉헌),

하나님이 성도를 세상으로 파송하심(광고, 헌신 및 결단의 기도와 결단 찬송, 축도) 등.

이런 사중 구조의 예배에서 성도가 하나님과 그분의 행위에 적합하게 반응할 수 있기 위해선 어떻게 해야 할까요? 예배 언어인 예전의 기본적인 의미를 숙지함이 당연하겠죠?

2) 성령님의 임재를 위한 기원

일전에 지인의 환갑잔치에 참여한 적이 있습니다. 오래전 일입니다. 초대된 사람들이 하나둘씩 모였습니다. 서로 잘 아는 사람들을 초대했는지 잔치가 시작되기 전부터 사람들은 삼삼오오로 보여 대화를 나누었습니다. 그런데 약속된 시간이 훌쩍 넘었어도 잔치의 시작을 알리는 안내가 없었습니다. 그래서 잔치를 마련한 호스트를 찾아가 물었습니다. 어찌 된 일이냐고요. 호스트에게서 들은 이야기로는 환갑을 맞으신 분이 오는 도중에 차량 접촉 사고가 나서 교통사고 처리 문제로 시간이 지연되어 다소 늦게 도착할 것이란 연락을 방금 받았다는 것입니다. 하객은 모였고, 음식은 차려져 있었지만, 잔치는 시작할 수 없었고, 음식을 먹는 사람도 없었습니다. 이유는 딱 한 가지, 환갑을 맞은 본인이 자리에 있지 않았기 때문이었습니다.

예배는 초대된 것이기에 초대받은 자로서 예배를 준비하는 건 당연하고 또 중요합니다. 예배 전 예배를 위해 기도로 준비하는 것을 생각해볼 수 있습니다. 보통 중보기도팀을 중심으로 이루어지는데, 특히 예배에 참여하는 모든 성도들을 위해, 특히 예배를 섬기는 이들을 위해, 기도자와 설교자를 위해 기도합니다.

예배는 성령 하나님의 임재를 위한 기원으로 시작합니다. 하나님 없는 예배는 무의미하며 우상숭배에 불과하기 때문입니다(사 44:6~17).[1] 성령님의 임재를 기원하는 의식은 '오시는 하나님'에 대한 신앙을 전제합니다. 하나님은 어디에나 계시지만, 주의 이름으로 모이고 기도하는 자에게 오시며, 주의 능력이 나타나야 하는 곳에 그리고 주의 말씀에 순종하는 자에게 임하십니다. 무엇보다 하나님이 원하시는 때와 장소에 오

---

1) **사 44:6~17** "이스라엘의 왕인 여호와, 이스라엘의 구원자인 만군의 여호와가 이같이 말하노라 나는 처음이요 나는 마지막이라 나 외에 다른 신이 없느니라 내가 영원한 백성을 세운 이후로 나처럼 외치며 알리며 나에게 설명할 자가 누구냐 있거든 될 일과 장차 올 일을 그들에게 알릴지어다 너희는 두려워하지 말며 겁내지 말라 내가 예로부터 너희에게 듣게 하지 아니하였으며 알리지 아니하였느냐 너희는 나의 증인이라 나 외에 신이 있겠느냐 과연 반석은 없나니 다른 신이 있음을 내가 알지 못하노라 우상을 만드는 자는 다 허망하도다 그들이 원하는 것들은 무익한 것이거늘 그것들의 증인들은 보지도 못하며 알지도 못하니 그러므로 수치를 당하리라 신상을 만들며 무익한 우상을 부어 만든 자가 누구냐 보라 그와 같은 무리들이 다 수치를 당할 것이라 그 대장장이들은 사람일 뿐이라 그들이 다 모여 서서 두려워하며 함께 수치를 당할 것이니라 철공은 철로 연장을 만들고 숯불로 일하며 망치를 가지고 그것을 만들며 그의 힘센 팔로 그 일을 하나 배가 고프면 기운이 없고 물을 마시지 아니하면 피로하니라 목공은 줄을 늘여 재고 붓으로 긋고 대패로 밀고 곡선자로 그어 사람의 아름다움을 따라 사람의 모양을 만들어 집에 두게 하며 그는 자기를 위하여 백향목을 베며 디르사 나무와 상수리나무를 취하며 숲의 나무들 가운데에서 자기를 위하여 한 나무를 정하며 나무를 심고 비를 맞고 자라게도 하느니라 이 나무는 사람이 땔감을 삼는 것이거늘 그가 그것을 가지고 자기 몸을 덥게도 하고 불을 피워 떡을 굽기도 하고 신상을 만들어 경배하며 우상을 만들고 그 앞에 엎드리기도 하는구나 그 중의 절반은 불에 사르고 그 절반으로는 고기를 구워 먹고 배불리며 또 몸을 덥게 하여 이르기를 아하 따뜻하다 내가 불을 보았구나 하면서 그 나머지로 신상 곧 자기의 우상을 만들고 그 앞에 엎드려 경배하며 그것에게 기도하여 이르기를 너는 나의 신이니 나를 구원하라 하는도다"

시어 성도로 예배하게 하십니다. 예배의 자리가 마련될 때 비로소 오시는 것이 아니라 먼저 오심으로써 예배를 가능케 하십니다. 예배의 주체는 하나님이시기 때문입니다. 관건은 예배의 장소가 아니라 하나님의 임재에 대한 진정성 있는 믿음 곧 참믿음입니다. 예수님은 이를 두고 예배하는 자는 참으로 예배할 것과 또 영과 진리로 예배하라고 말씀하셨습니다(요 4:23~24).[2]

'성령 하나님의 임재를 위한 기원'은 '오시는 하나님'을 믿고, 성도가 모인 지금 이곳으로 성령님이 오시길 바라며 행하는 의식입니다. 예수 그리스도를 믿고 또 그의 부르심에 반응하며 사는 우리와 함께 계시겠다는 하나님의 약속에 대한 기대의 표현입니다.

하나님은 언제 어디서나 계시지만 특별히 교회 예배에서 하나님의 임재를 기원하는 건 교회 예배가 죄의 영향권 아래 지냈던 일상과 구별되어야 할 자리임을 선포하는 것이며, 또한 예배하는 자 역시 일상에서와는 다른 마음의 자세로 하나님을 만나겠다는 결심의 표현입니다. 거룩함은 의식을 통해 보장되지 않아요. 오직 하나님이 오심으로써 일어납니다. 시간과 장소를 거룩하게 하는 건 의식이 아니라 거룩하신 하나님입니

---

[2] **요 4:23-24** "아버지께 참되게 예배하는 자들은 영과 진리로 예배할 때가 오나니 곧 이 때라 아버지께서는 자기에게 이렇게 예배하는 자들을 찾으시느니라 하나님은 영이시니 예배하는 자가 영과 진리로 예배할지니라"

다. 하나님의 임재를 기원하는 건 시간과 장소 그리고 모여 있는 사람을 거룩하게 구별하길 바라는 의식입니다. 그렇다고 해서 일상 예배와 교회 예배, 세상과 교회를 이분법적으로 구별하기 위함은 아닙니다. 그것은 다만 하나님과의 친밀한 사귐을 위해 예배의 자리로 부름을 받은 자가 성령에 감동되는 시간임을 의식하도록 알리기 위함입니다(계 4:2 "내가 곧 성령에 감동되었더니…"). 이런 맥락에서 교회 예배는 성령에 감동되어 하나님의 영광 안으로 들어가서 하나님과 친밀한 사귐에 참여하면서 그의 은혜와 능력으로 일어날 변화가 나 자신에게도 일어나도록 순종하겠다고 결단하는 시간입니다. 이런 의미에서 예배는 신비입니다.

정리해보죠. 예배 인도자는 종을 치든지, 찬양대의 송영을 통해서든, 아니면 다른 어떤 방식으로든 예배의 시작을 알리면서 하나님의 임재를 기원합니다. 성령님은 이미 예수 그리스도를 믿는 성도와 함께 계시지만, 그러함에도 불구하고 하나님의 임재를 위한 기원을 별도로 갖는 이유와 목적이 있습니다.

첫째, 예배의 자리가 특별하기 때문입니다. 하나님이 임재하심으로 예배가 일어난다는 사실과 또한 우리를 위한 예배의 자리 곧 영광의 자리를 하나님이 직접 마련해주신다는 것을 상징적으로 표현합니다. 하나님에 의해 구별된 공간과 시간임을 나타내기 위함입니다.

둘째, 예배의 시작을 알리기 위함입니다.

그리고 셋째, 예배의 대상이 누구인지를 알리고, 예배에 하나님이 없어서는 안 된다는 사실과 또한 하나님은 '오시는 분'이라는 사실을 분명히 밝힙니다.

이 예전의 의의는 성도가 하나님의 현존을 의식하고 하나님을 예배하기 위해 나아왔음을 깨닫는 데에 있습니다. 사실 오늘날 예배가 지나치게 인간 중심으로 구성되고 기획되어 있어서 하나님을 무시하는 인상을 주는 경우가 종종 발생합니다. 각종 기념 예배, 각종 감사 예배 등이 대표적입니다. 그리고 영국에서 시작한 것인데요, 일요일 아침에 극장에서 개최하는, 비록 형식에서는 기독교 예배와 거의 유사하나 예배가 아닌 모임이 있습니다. 무신론자의 모임입니다. 이 모임에 없는 것은 하나님 신앙과 하나님께 기도하는 시간과 하나님의 말씀을 전하는 시간, 찬송, 신앙고백 그리고 축도가 없습니다. 모양과 형식은 예배처럼 보여도 의도적으로 하나님을 배제합니다. 이런 모임이 점차로 확산하고 심지어 미국에까지 수출했다고 하네요.

교회에서는 어떤가요. 화려하고 압도적인 예배 분위기에서 다양한 프로그램을 통해 진행되지만, 인간의 행위로 가득할 뿐 아니라 심하면 인간중심(특히 목회자나 유명인사)의 예배(담임목사 학위 축하 예배, 각종 인물을 기념하는 예배 등)로 구성되는 경우가 얼마나 많은지 모릅니다. 하나님의 임재를 위한 기원은 예배의 주인이 누구이어야 하는지 분명하게 드러냅니다. 또한 하나님이 우리를 위해 그리고 우리로 당신의 영광을 누리도록 친히 이 땅에 내려오시어 우리 가운데 머물러 계신다는 사실을 환기합니다.

기대와 감사와 함께 맞이하는 예전으로 한 주간의 삶에서 하나님을 갈망하며 지낸 성도는 대체로 이 시간을 매우 감격적으로 맞이할 겁니다. 어떤 방식으로 표현하든 의식을 매개로 하나님이 우리 가운데 임하신다는 사실을 재현하는 것은 특별한 의미가 있습니다.

성령님의 임재를 위한 기도에 성도가 올바르게 반응하는 방법은 무엇일까요? 먼저 예배하길 기대하며 하나님을 갈망하는 마음이 있어야겠어요. 그다음에는 예배 시간을 엄수하는 것이죠. 매번 지각하여 예배의 첫 순서인 '임재를 위한 기원'을 놓치는 일을 쉽게 생각하는 성도는 성령님의 임재를 위한 기원의 의미를 반드시 되새겨볼 필요가 있습니다.

아이돌 그룹 BTS 공연장 맨 앞 좌석을 차지하기 위해 공연장 밖에서 며칠 전부터 텐트를 치고 기다리는 사람들을 생각해보십시오. 팬덤 곧 그룹에 대한 호감과 기대감이 만들어내는 풍경입니다. 여기에 더해 공연의 Intro(도입부)에 사람들이 얼마나 열광하는지 보십시오. 이것을 생각한다면 특별한 이유 없이 상습적으로 지각하는 태도는 하나님을 존중하지 않고 또 그분의 오심을 기대하지 않는 마음을 은연중에 드러내는 일입니다. 마음은 원래 그렇지 않다고 본인은 극구 부인하겠고, 또 그것이 신앙의 수준과 진정성을 의미하지 않는다고 열을 내어 변호하겠지만요, 이건 마음과 육체를 분리하는 전형적인 태도입니다. 설령 십분 양보하여 변명을 받아들인다 해도 일단 예배를 그렇게 대하는 태도는 올바르다고 볼 수 없습니다. 특별한 이유 없이 지각을 반복한다면 습관이라고 볼 수 있는데, 예배의 회복을 진정으로 원한다면 반드시 고칠 일입니다. 하나님이 오시는 때를 놓치면, 기름을 준비하지 못한 다섯 처녀가 신랑을 맞아들일 기회를 놓쳐 울며 통곡했던 것과 같은 일이 일어나지 않을지 누가 알겠어요. 깨어 기도하며 하나님의 오심을 기대하며 맞이하는 마음으로 예배 시간을 준수할 일입니다.

성령님의 임재를 위한 기원에는 예배하는 공동체의 갈망이 드러나도록 하는 것이 좋습니다. 다시 말해서 예배의 주제가 분명하게 드러나도록 기획하는 것입니다. 한 주 전에 공지하는 것이 바람직하지만, 적어도 예배 시작 전에 알려주어야 오늘의 예배에서 무엇을 기대해도 되는지가 분명해집니다.

일상의 예배에서 성령님의 임재를 위한 기도는 가정에서나 직장에서 혹은 각종 삶의 현장에서 우리와 함께 계시는 하나님, 우리 가운데 계시는 하나님, 그리고 우리 자신과 우리의 삶을 당신의 거처로 삼으시는 하나님을 기대하며 기도하는 것입니다. 예컨대 일상의 첫 시간에 이렇게 기도하는 것이죠.

'주여, 이곳에 임하소서. 이곳에서 주님이 되소서. 주 앞에서 사는 일터/가정/학교/만남이 되게 하소서....'

일상 예배는 삼위 하나님이 우리와 동행하는 삶이며 또한 우리가 하나님 앞에서의 삶을 사는 것입니다. 그리스도인의 선한 삶 곧 하나님의 뜻이 현실로 나타나도록 순종하는 삶을 사는 것입니다. 그래서 사람들이 우리의 선한 행실을 보고 하늘에 계신 하나님께 영광을 돌리는 일이 일어나는 장소와 시간은 교회 예배가 아니라 '교회 예배, 그 이후'의 삶인 일상입니다. 빛과 소금으로 부름을 받았고 선한 행위를 위해 부름을 받았다는 말씀은 일상 예배자로 살라는 뜻입니다.

3) 송영(혹은 입례송)

국가공식 행사에 대통령이 입장할 때나 순서를 위해 단상 위로 나아가는 때는 언제나 음악이 있습니다. 국가 최고 통치자를 예우하는 의전입니다. 이건 세계 어느 나라에서나 마찬가지입니다. 국가의 영웅을 추대하는 자리에서도 영웅이 등장할 때 언제나 그에 합당한 악기 연주가 등장해요.

마찬가지로 송영은 하나님의 임재를 바라는 공동체의 기원에 응답하시는 하나님께서 영광 가운데 예배의 자리에 임재하신 것을 찬양으로 표현합니다. 천사들의 찬양을 표현합니다. 따라서 하나님의 영광과 위엄에 합당한 찬양(연주나 노래를 통해)으로 맞이하는 것이 바람직합니다. 송영이 아니라 입례 예식(예배를 하나의 예식으로 보고, 예식의 시작을 알리면서, 예배를 인도하는 목회자가 예배의 자리로 나아가는 예식)으로 대체한다면, 이것은 임재하신 하나님께 예배하러 나아간다는 사실을 보다 더욱 분명하게 표현합니다.

그런데 입례 예식으로 송영을 대체하는 경우 주의해야 할 일이 있어요. 찬양대와 예배 인도자가 입장할 때 하는 입례 예식을 위한 노래와 하나님을 높이는 송영은 분명히 구분되도록 해야 합니다. 만일 구분 없이 하는 경우엔 찬양대의 찬양이 마친 후에 예배 인도자가 들어오도록 해야 합니다. 같이하게 되면 하나님을 높이는 것인지 아니면 예배 인도자를 맞이하는 것인지 혼동되기 때문이지요. 대개는 찬양대의 찬양과 함께 진행되는데, 솔로나 중창도 괜찮습니다. 송영을 위해서는 리듬이 있는 찬양만이 아니라 영광중에 임하는 하나님을 높이는 의미를 전하는 시(詩)나 춤도 사용할 수 있습니다. 관건은 공동체가 공감적으로 이해하며 참여할 방법을 택하는 것이고 또한 예배의 자리에 임재하신 하나님을 높인다는 의미를 분명하게 하는 것입니다.

다윗이 하나님의 법궤가 다시 다윗성으로 돌아올 때 보여준 반응을 생각하면 좋을 것 같습니다. 하체가 드러날 정도로 격렬했던 그의 춤은 급기야 아내인 미갈의 비난을 받게 되었는데요, 그만큼 사람의 눈치를 보지 않았다는 거죠. 오시는 하나님을 맞이하는 태도는 철저히 하나님에게만 집중하는 반응이어야 합니다. 법궤는 상징물에 불과하며, 또한 하나님의 임재를 상징할 뿐이지만, 실제로 하나님의 영광이 나타나는 성물입니다. 법궤에 대한 태도가 잘못되면 죽임을 당했습니다. 다윗의 반응은 단지 상징물에 대한 것이 아니라 그것을 통해 당신의 현존과 영광을 나타내시는 하나님을 향한 진실한 마음의 표현이었습니다. 이것이 참으로(영과 진리 안에서) 하나님을 예배하는 태도입니다.

비록 상징이기는 해도 하나님의 오심을 맞이하고 또 그분의 영광을 높이는 건 일상적인 삶의 현장에서 '오시는 하나님'을 맞이하며 높이는 태도에서 결정적입니다. 송영은 하나님은 단지 하늘에만 계신 것이 아니라 하루가 시작하는 때에 찾아오시는 하나님, 일터와 삶의 현장으로 찾아오시는 하나님, 어떤 특별한 계기에 찾아오시는 하나님, 마음 가운데 찾아오시는 하나님을 인정하고 예배하도록 합니다. 이처럼 일상에까지 깊은 영향을 미칠 수 있는 예전임을 명심하고, 교회는 송영에 대해 성도가 진실한 마음을 표현할 방법을 발견하고 가르쳐야 합니다. 여러 사정 때문에 교회가 준비하지 못하는 경우 성도 스스로 예를 갖추고 반응할 수 있도록 해야겠어요.

가장 일반적인 방법은 예배 시작 전에 모인 성도는 송영(혹은 입례송)의 시간에 찬양대가 찬양하는 동안 일어섭니다. 십자가를 바라보면서 침묵으로 하나님을 묵상하는 가운데 겸손과 감사와 기쁨의 마음을 준비합니다. 만일 송영에 이어 회중 찬양이 있다면 일어서서 하는 것이 바람직합니다.

최근에는 송영을 대신해서 여러 곡(CCM을 섞어서)의 회중 찬양을 하는 교회들이 많은데, 이것은 과거 예배 전 소위 '준비 찬송'으로 행해졌던 순서에 해당하며, 찬양에는 준비 찬송이란 있을 수 없다는 각성에 따라 예배 안으로 들어온 것입니다. 개혁주의 예전과는 거리가 먼 관행이지만, 교회가 예배의 시작에 '영광 가운데 오시는 하나님'을 맞이하고 또 '현존하시는 하나님'을 찬양한다는 의미로 행하는 것이라면 무관합니다. 예배의 분위기를 돋우기 위한 시간은 결코 아닙니다. 곧 관건은 찬양대의 찬양이나 묵상으로 혹은 회중 찬양으로 시작하든 '오시는 하나님을 맞이하는 시간'임을 성도로 숙지케 하는 겁니다. 단순히 예배의 시작을 알리는 시간이나 예배 인도자의 입장을 알리는 순서로 여기지 않아야 합니다.

일상의 예배에서 송영에 해당하는 건 하루의 삶을 하나님을 인정하는 행위로 시작하는 것입니다. 하나님이 일상을 당신의 거처로 삼으시길 기도하는 겁니다. 가정에서, 직장에서, 학교에서, 이웃과의 만남에서 하나님이 임재하시길 기도합니다. 묵상의 시간(Q.T.)으로 하나님의 뜻을 깨닫고, 기도함으로 하루의 삶을 하나님께 위탁합니다.

4) 예배로의 부름

여러분은 분명 초대장을 받아보신 적이 있을 것입니다. 초대장에는 초대받는 이의 이름과 초대하는 이의 이름 그리고 시간과 장소와 목적이 기재되어 있지요. 초대장 없이도 웬만하면 통과되는 모임도 있지만, 초대장 없이는 절대 출입할 수 없는 모임이 있습니다. 초대받은 사람들이 모임에 집중하기 위해 대체로 모든 모임에는 intro가 있습니다. 모임의 주제와 성격을 알리는 의식이라서 참석자들의 긴장감을 자아내고 또 뜨거운 환성으로 혹은 무거운 침묵으로 시작을 엽니다. intro가 없이 본론이 시작되는 경우는 특별한 목적을 겨냥한 연출이 아닌 한 쉽게 만나지 못합니다.

공 예배의 시작은 보통 예배로의 부름으로 시작합니다. 하나님의 초대 말씀이라 볼 수 있습니다. 물론 송영(오르간 연주, 악기 연주, 찬양대의 찬양 등)을 앞에 두고 그 후에 예배로의 부름이 이어지기도 합니다. 순서는 교회마다 달라도 의미는 크게 다르지 않습니다.

예배로의 부름은 네 가지 의미가 있습니다.

첫째, 예배의 주체가 하나님이심을 밝힙니다. 하나님이 부르셨기 때문에 응답함으로써 예배의 자리에 있음을 확인합니다.

둘째, 하나님을 예배하기 위해 모였음을 회중에게 상기시키며 예배의 시작을 알리고 예배에 집중하도록 합니다.

셋째, 참으로 예배하고 영과 진리로 예배하는 마음을 깨움니다.

그리고 넷째, 세상에서 파송 받아 지낸 성도를 하나님이 천
상의 예배로 부르심을 상징합니다. 예배로의 부름을 통해 하
나님의 임재를 알리고 또 하나님의 초대를 전함으로써 예배의
시간과 공간 그리고 예배하는 사람이 거룩하게 구별됨을 선포
합니다.

예배로의 부름은 특히 세상에 삶의 터전을 두고 살아가는
성도를 염두에 둔 의식입니다. 예배 가운데 임재하신 하나님
이 온갖 종류의 삶을 경험한 성도를 하나님 나라 잔치로 초대
하는 일입니다. 세상에서 지내면서 지치고 피곤한 상태에 있
는 성도, 혹은 기쁨과 감사로 가득한 일상을 보낸 성도, 혹은
하나님을 갈망하며 하루하루를 보낸 성도 등 모든 성도를 하
나님은 "이리 올라오라"(계 4:1)라고 말씀하시면서 성도가 하나
님 나라의 영광을 경험하도록 초대하십니다.

또한 예배로의 부름은 예배의 성격 및 주제와 깊은 관계가
있습니다. 교회 절기나 특별 기념 주일은 비교적 확실한 주제
를 갖습니다만, 그 외의 예배는 대개 설교의 주제에 맞춰지는
경향이 있습니다. 예배로의 부름은 이 주제와 일상의 상황을
고려해야 합니다. 성도의 상황을 간과하면 예배가 관심에서
멀어지고, 지나치게 성도의 상황에 집중하면 예배로 부르시는
이유와 목적이 분명해지지 않습니다. 양쪽을 충분히 고려해서
예배로의 부름을 위한 성경 구절을 선택하면 좋겠어요.

예컨대 시편엔 성전에 올라가는 노래가 있어요. 시편 120~134편에 수록되어 있습니다. 이곳엔 각종 삶의 모습으로 지쳐 있는 성도의 모습도 나오고, 찬양하며 성전에 올라가면서 기쁨과 기대감을 형제자매와 나누는 모습도 있고, 또 하나님을 예배하며 감격해하는 모습도 있어요. 예배로의 부름을 준비할 때는 이런 점들을 고려해야 할 것입니다. 늘 똑같은 멘트는 예배에 참여하는 성도의 관심을 분산시킬 수 있습니다. 무엇보다 예배의 주제를 명확히 인지할 수 있도록 해야 하는데요, 만일 관련 성경 구절을 찾지 못했다면 예배 인도자의 간단한 멘트로 대신할 수도 있습니다. 반드시 성경 구절이어야 하는 건 아닙니다.

주일(일요일)은 안식일(금 오후~토 오전)이 아닙니다. 안식일 정신은 여전히 유효합니다만, 무엇보다 예수 그리스도의 죽음과 부활과 승천을 기념하고 또 주의 날에 재림하실 것을 기대하면서 맞는 날이기에 특별한 경우가 아니라면 예배로의 부름은 언제나 기쁨과 축복의 메시지로 구성됩니다. 요한계시록에서[3] 주일 혹은 주의 날(the Day of Lord)은 재림의 날을 의미합니다.

주일은 무엇보다 예배가 하나님이 베푸신 잔치라는 의미를 부각하고 이것을 상징하는 의식이어야 합니다. 이것 역시 예배의 주인은 인간이 아니라 하나님임을 표현합니다. 모양으로는 인간이 마련한 것으로 보이지만, 실제로(신학적인 의미에서) 예배

---

3) **계 1:10** "주의 날에 내가 성령에 감동되어 내 뒤에서 나는 나팔 소리 같은 큰 음성을 들으니"

는 하나님이 마련하신 잔치입니다. 절대 혼동하지 말아야 해요.

예배로의 부름에 합당한 성도의 반응은 기쁨과 감사로 가득한 기대입니다. 일상의 삶에서 하나님이 안 계신 것 같은 사건들을 겪으면서 그토록 갈망하던 하나님 앞으로 나아가는 일이니, 무엇보다 하나님의 영광 안에서 안식을 누리길 원하는 마음에서 하나님에게 할 말이 있을 것이고(기도) 그분의 영광을 인정하고 높이며(찬양) 그분의 말씀(설교)을 듣고 싶고 또한 그분에게 나의 헌신(예배 참여와 봉헌)을 나타내고 싶을 것이기 때문입니다. 예배 가운데 하나님이 어떤 모습으로 만나주실 것인지에 대한 기대가 없다면, 혹은 이런 기대가 마음으로나 예전을 통해 구체적으로 표현되지 않으면, 예배는 다만 형식적인 일에 불과하며 심하면 시작부터 가파른 길을 오르는 것과 같은 힘겨운 느낌을 줍니다. 교역자는 예배에 대한 기대가 충만하도록 예배를 준비해야 할 책임이 없지 않지만, 아무런 기대 없이 참여함으로써 힘겨운 예배가 되는 것은 전적으로 성도의 책임입니다.

예배로의 부름에 응답할 때, 만일 성도가 오직 자신만 생각하면 개인주의적인 예배로 전락하기 쉽습니다. 이것은 오늘날 교회가 비판을 받는 이유 가운데 하나입니다. 그러므로 개인주의적인 예배를 원하지 않는다면, 성도는 오시는 하나님을 그의 영광과 위엄에 합당하게 맞이하는 것은 물론이고 또한 구원의 대상인 세상을 마음에 품고 예배의 자리로 나아가야 합니다. 예를 들어 예배로의 부름과 함께 이어지는 기도에서 연약하고 어려운 처지에 있거나 복음을 받아들여야 하는 이웃의 이름을 부르며 그들을 위해 기도하고, 각종 문제로 뒤엉켜 있어 신음하며 구원을 갈망하는 세상을 생각하며 기도하는 것이죠. 그리고 같은 시간이나 다른 시간 그리고 다른 곳에서 예배하고 있는 교회들을 위해 기도하는 것입니다. 이로써 성도는 세상과 단절된 상태에서 예배하는 것이 아니라 피조물과 연대하여 하나님께 나아감을 드러냅니다.

예배로 부름을 받은 성도는 세상에서 입고 지낸 옷을 벗고 새 옷으로 갈아입습니다. 각종 사상과 이념으로 포장된 것들이나 세상의 명예와 권력을 내려놓고, 세상이 안겨준 염려와 근심으로부터 그리고 세상에서 살면서 얻은 불안과 두려움으로부터 자유로워지며, 또한 세상의 욕망을 모두 벗어버리고 예수 그리스도의 의에 합당한 옷을 입습니다. 이 옷은 하나님의 부름을 받고 응답하여 예배의 자리로 나아가 예수 그리스도를 주로 고백하는 자에게 성령께서 입혀주십니다. 부름을 받고 하나님께 나아와 예배하는 자가 여전히 세상에서 입고 있던 옷을 걸치고 있다면 하나님의 잔치에 합당한 자로 인정받지 못합니다(마 22:1-14). 예배로 부름을 받은 자는 의의 옷 곧 예수 그리스도의 의를 얻는 믿음을 거듭 확인해야 합니다. 늘 믿음을 점검하는 자세가 필요합니다.

일상의 예배에서 '예배로의 부름'은 삶의 터전으로 파송하는 일에 해당하며 동시에 하나님이 거처로 삼으시는 세상에서 선한 역사를 이루도록 부르시는 초대라고 볼 수 있습니다. 하나님은 성도를 교회 예배로 부르시면서 하나님이 어떤 분인지, 하나님이 무엇을 행하셨는지, 무엇을 말씀하셨는지, 어떤 기도를 들으시는지를 알게 하셨다면, 세상으로 파송하시는 하나님은 성도를 일상의 예배로 부르시면서 성도가 하나님의 사역을 어떠한 삶을 통해 세상 가운데 드러낼 것인지를 기대하시고 또 능력을 주어 하나님의 말씀이 현실이 되게 하는 사역을 감당케 하십니다.

5) 참회 및 사죄 선언

참회는 예배가 단순한 의식이 아니라 실제로 성도가 거룩하신 하나님 앞에 서 있다는 사실을 환기하는 순서입니다. 죄를 지은 인간은 거룩하신 하나님 앞으로 나아갈 수 없습니다. 죄용서가 있어야만 가능해요(사 6:5-7, 히 4:16).[4] 예수 그리스도의 십자가 사건은 예수를 그리스도로 믿고 그를 통해 행하시는 하나님의 행위가 진리임을 인정하고 증언하는 자에게 하나님의 죄용서가 현실이 되었음을 알려주는 사인입니다. 십자가는

---

4) **사 6:5-7** "그 때에 내가 말하되 화로다 나여 망하게 되었도다 나는 입술이 부정한 사람이요 나는 입술이 부정한 백성 중에 거주하면서 만군의 여호와이신 왕을 뵈었음이로다 하였더라 그 때에 그 스랍 중의 하나가 부젓가락으로 제단에서 집은 바 핀 숯을 손에 가지고 내게로 날아와서 그것을 내 입술에 대며 이르되 보라 이것이 네 입에 닿았으니 네 악이 제하여졌고 네 죄가 사하여졌느니라 하더라"; **히 4:16** "그러므로 우리는 긍휼하심을 받고 때를 따라 돕는 은혜를 얻기 위하여 은혜의 보좌 앞에 담대히 나아갈 것이니라"

우리가 죄인임을 폭로하면서 동시에 예수 그리스도를 믿는 자는 죄가 용서 받음을 증언합니다. 예수 그리스도 자신과 그의 사역에 관한 소식은 모두 복음입니다. 왜냐하면 모두 우리의 구원을 위한 일이기 때문입니다.

참회 예전의 한 방법으로 미디에이터교회에서 실천하는 '비움과 채움의 기도'를 소개합니다. 기도에는 침묵으로 하는 것, 소리를 내는 것, 글과 음악과 춤 등으로 표현하는 것이 있듯이, 호흡 기도는 호흡을 사용하는 기도입니다.[5] 특히 인간을 창조하실 때 하나님이 흙으로 빚은 형상의 코로 생기를 불어넣으신 사실과 그리고 호흡이 갖는 생명 의학적인 의미에 근거합니다. 호흡과 함께 비워야 할 것을 날숨으로 표현하고, 채울 것을 들숨으로 표현하면서 하나님 앞에서 죄를 참회하고 또 죄 용서와 함께 새로운 생명의 기운을 간구합니다. 하나님이 인간을 창조하실 때 흙으로 형상을 빚으신 후에 생기를 코로 불어넣으신 사실에 바탕을 두는데요(창 2:7)[6], 예수님 역시 부활 후 제자들을 향해 성령님을 받으라며 숨을 내쉬셨습니다 (요 20:22).[7] 호흡기관은 산소를 흡입하고 체내의 이산화탄소를 배출하면서 생명의 기운을 받는 통로이죠. 호흡을 통해 들이쉰 산소는 온몸의 세포로 스며듭니다. 그러므로 참회의 한 방

---

[5] 다음을 참고. 강준민, 『깊은 기도의 영성』, 서울: 산, 2021, 107-130.

[6] **창 2:7** "여호와 하나님이 땅의 흙으로 사람을 지으시고 생기를 그 코에 불어넣으시니 사람이 생령이 되니라".

[7] **요 20:22** "이 말씀을 하시고 그들을 향하사 숨을 내쉬며 이르시되 성령님을 받으라".

법으로 사용하는 '비움과 채움의 기도'는 하나님이 주신 호흡의 방식을 활용하여 생명의 영이신 성령님의 도움을 받아 속사람의 죄를 비워내고 성령님의 품성으로 채워지도록 간구하는 시간입니다. 호흡을 통해 비우고 채우는 행위는 상징이고, 실제로 참회를 바탕으로 죄를 용서하고 또 간구를 통해 새 마음을 결실로 주시는 분은 하나님이십니다. 기도 후 사죄 선언은 이것이 실제로 일어남을 구체적으로 보입니다.

'비움과 채움 기도'의 구체적인 방법은 다음과 같습니다.

첫째, 생명의 영이신 성령님의 임재와 함께 숨결을 통해 우리 내면에 역사해주시길 간구합니다. 찬양을 통해 할 수 있는데요, 미디에이터교회는 "나의 마음을(Brian Broeksen 곡)"를 찬양합니다.

둘째, 찬양 후 다음의 멘트를 합니다.

[intro] "너희 몸을 하나님이 기뻐하시는 거룩한 산 제물로 드리라 이는 너희가 드릴 영적 예배니라"(롬 12:1)

[들어가는 말] 이 시간 하나님께 흠 없고 순전한 예배로 나아가기 위해 비움과 채움 기도를 드리겠습니다. 허리를 세우시고 바르게 앉으셔서 눈을 감겠습니다.

[설명] 태초에 하나님이 흙으로 사람을 지으시고 코에 생명의 기운을 불어넣어 주셨습니다. 지금도 하나님 아버지께서는 당신의 자녀들에게 생명의 기운을 채워주십니다. 하지만 우리

내면의 더럽고 죄로 물든 마음으로는 아무리 열심히 기도하고 찬양하며 말씀을 들을지라도 하나님께 흠 없고 순전한 예배로 나아갈 수 없음을 고백합니다.

이 시간 내 마음속 더러운 것을 비우고 성령님의 인도하심에 따라 아름답고 선한 마음이 채워지길 소망합니다. 거룩한 예배가 될 수 있도록 우리 함께 비움과 채움이 있는 영혼의 호흡 기도를 드리겠습니다.

[선정] 화면을 보시면서[8] 나의 내면 가운데 비울 것은 무엇이고 채우길 소망하는 것은 무엇인지 마음으로 정하시겠습니다.

[호흡기도] 이제 내쉬는 숨결에 내 안의 더럽고 죄로 물든 마음을 깨끗이 비우시고, 들이쉬는 숨결에 거룩하고 선한 마음을 가득 채우시길 회개하는 마음으로 기도드리겠습니다.

셋째, 안내 멘트 후 참회를 통해 애통하면서 동시에 새마음을 채워주시기를 간구합니다. 이를 위해 먼저 자세를 바르게 하고 성령께서 우리의 내쉬는 숨결을 따라 비울 것을 제거하시고 들이쉬는 숨결을 따라 채울 것을 충만하게 하시기를 간절히 바라면서 복식호흡을 반복하며 기도합니다(5회 정도의 복식호흡, 1~2분 정도 소요).

참회의 비움과 채움의 기도가 마친 후 이어지는 사죄 선언

---

8) 비울 것(속사람의 죄: 분냄/교만/두려움/미움/시기질투/우울/근심/탐욕/비겁함/음란/이기심)과 채울 것(성령님의 품성:사랑/희락/화평/오래참음/자비/양선/겸손/온유/충성/절제/담대함/이타심)

은 목회자 자신의 행위가 아닌 하나님에게 위임받아 행하는 일입니다. 이는 예배가 예수 그리스도의 죽음을 통해 이뤄진 하나님의 용서를 전제할 때 가능함을 강조할 뿐 아니라 성도가 이 사실을 분명히 인지할 수 있게 하려 함입니다. 어떤 죄든지 진심으로 고백하면 하나님은 용서하시고 참으로 돌아서는 회개는 하나님의 용서가 유효함을 나타내 보이는 일임을 선포합니다(요일 1:9).[9] 사죄 선언은 반드시 성경 구절을 사용해야 합니다. 목회자가 사죄의 주체가 아님을 분명히 보이기 위해서이지요. 평소 성경을 읽을 때 발견한 관련 성경 구절을 기록해 놓으면 필요할 때 당황하지 않고 적절하게 사용할 수 있습니다. 예컨대, 요일 1:9를 사용하는 사죄선언의 예입니다. 기도가 마친 후에 다음의 구절을 읽고 선언합니다.

"만일 우리가 우리 죄를 자백하면 그는 미쁘시고 의로우사 우리 죄를 사하시며 우리를 모든 불의에서 깨끗하게 하실 것이요"

이 말씀에 의지하여 여러분이 고백한 모든 죄가 용서 받음을 성부와 성자와 성령의 이름으로 선포합니다. 아멘.

성도는 세상으로부터 예배의 자리로 부름을 받았으나 거룩하신 하나님 앞에서 예배하기 위해서는 죄의 고백과 예수 그리스도에 대한 믿음의 고백 그리고 하나님의 용서가 선행되어

---

9) **요일 1:9** "만일 우리가 우리 죄를 자백하면 그는 미쁘시고 의로우사 우리 죄를 사하시며 우리를 모든 불의에서 깨끗하게 하실 것이요".

야 합니다. 그렇지 않고는 죽음을 피할 수 없기 때문이죠. 예배의 기쁨은 성도의 교제 덕분이기도 하지만, 무엇보다도 하나님이 죄를 용서해주셨기 때문입니다. 참회에 따라 하나님의 용서가 선포되기에 우리는 기쁨으로 예배에 참여할 수 있는 것입니다.

중세 가톨릭의 고해성사에서 사제 역할을 떠올리며 목회자의 사죄 선언을 불편하게 여기는 성도들이 간혹 있습니다. 사죄 선언의 예전은 예수 그리스도를 통한 죄 용서를 바탕으로 하는 것입니다. 강조하는 의미에서 재차 반복하여 말한다면, 사죄 선언은 목회자 자신의 권한이 아니라 다만 진정한 참회에 은혜와 사랑과 용서하심으로 반응하시는 하나님을 성경을 증거로 삼아 믿음으로 선포하는 것입니다. 사죄의 권능은 사람이 아니라 오직 하나님에게서 오고 사죄의 주체는 하나님이시기 때문이죠. 예수 그리스도를 믿고 진심으로 죄를 고백하고 용서를 구하는 자를 하나님은 용서하신다는 사실을 확증합니다.

비록 짧은 시간 동안 진행하는 예전이라도 참회는 진실해야 합니다. 비록 한 주간의 삶에서 성도와의 관계는 물론이고 이웃과 세상과의 관계에서 하나님의 뜻대로 살지 못한 모든 것을 떠올리며 참회할 수는 없으나, 예배자는 먼저 하나님 앞에 서기에 합당하지 않은 사람임을 인정하며 잘못을 고백하면서 그것으로 인해 진정으로 가슴 아파함을 표현할 수 있어야 합니다.

가톨릭교회는 가슴을 치며 "내 탓이요!(mea culpa)"를 세 번 반복합니다. 비움과 채움의 기도 시간이든 일반적으로 행하는 참회의 시간이든 예전에 반드시 있어야 하는 건 예수 그리스도의 대속의 은혜와 죄를 고백하는 사람은 누구든지 하나님이 용서하신다는 것에 대한 믿음을 고백하는 것이기 때문입니다. 비움과 채움 기도의 특징은 더러운 것을 내버리고 새로운 것을 구하는 행위가 구체적으로 실행된다는 데에 있습니다.

일상의 예배에서 참회는 절실한 사안입니다. 단지 의식 행위가 아니라는 말이지요. 실제로 생각과 마음과 삶의 변화를 이끄는 동력으로 작용합니다. 따라서 매 순간 죄의 마음이 일어날 때마다 호흡 기도인 비움과 채움의 기도를 하면 죄의 유혹을 이겨내고 또 성령님이 주시는 결실도 맛볼 수 있습니다. 참회는 사람 앞이 아니라 하나님 앞에서 하는 겁니다. 죄를 용서해주시는 분은 하나님이시기 때문입니다. 하나님은 죄를 고백하는 자를 죄의 권세에서 벗어나게 하시고 또 죄의 책임으로부터 자유롭게 해주십니다. 죄를 고백하며 예배에 참여하는 자를 기쁘게 하십니다. 그러나 일상의 대인 관계에서 사람에게 잘못을 시인하는 것과 용서를 구하는 일은 예전을 통해 확인한 하나님의 용서를 기대하며 사는 삶에 합당한 태도입니다.

6) 신앙고백(Credo)
고백은 상대가 들을 수 있도록 자기 마음을 표현하는 언어 행위입니다. 설령 말은 하지 않아도 글로 표현하거나 선물을 사용하기도 합니다. 아무 말도 없고 또 어떠한 사인도 없이 고백한다는 건 있을 수 없습니다. 고백함으로써 관계는 새롭게 정립합니다. 그동안 친구 사이로 지냈던 남녀가 사랑의 고백을 통해 연인 관계로 바뀝니다. 예외가 없진 않겠지만, 그래도 고백하지 않는 이상은 관계의 변화는 쉽게 일어나지 않습니다. 왜냐하면 상대방이 그 마음을 모르기 때문입니다.

특히 한국에서는 '눈치'라는 것이 있어서 상대의 마음을 대충 알아차릴 것을 은연중에 요구받습니다. 이게 대인 관계에서 종종 스트레스 요인이 되기도 합니다만, 어찌 되었든 비록 말은 하지 않아도 눈치로 서로의 마음을 소통하는 문화입니다. 그러나 이것도 엄밀히 말해서 공동체 문화를 배경으로 이해할 수 있는 사인으로 볼 수 있어요. 비록 말은 하지 않았어도 사인이 전혀 없었다고는 말할 수 없기 때문이죠. 눈치는 은연중에 내비치는 상대의 속마음을 알아차리는 인지 행위이기 때문입니다. 그러므로 어떤 형태든 고백은 상대와의 관계를 밝히는 매개입니다.

신앙고백(Credo)은 성도가 누구를 예배하는지를 마음으로 믿고 말로 공개적으로 밝히는 일입니다. 대개는 삼위일체 신앙을 반영하는 "사도신경(The Apostles' Creed)"을 사용합니다. 전세계 교회(특히 서방 전통의 교회)는 비록 예배 모양과 예전 그리고 교리가 달라도 예수 그리스도 안에서 교회의 일치를 나타내고 또 같은 믿음을 갖고 있음을 나타내 보이기 위해 사도신경을 사용하여 신앙을 고백합니다. 예외적으로 '삼위일체 주일'에는 니케아-콘스탄티노플 신경[10]으로 고백합니다. 왜냐하면 니케아-콘스탄티노플 공의회(325, 381)에서 삼위일체 신앙에 대한 고백이 완결되었기 때문입니다. 동방교회는 니케아-콘스탄티노플 신경으로 신앙을 고백합니다.

사도신경을 통해 신앙을 고백하는 데에는 크게 두 가지 목적이 있어요. 하나는 기독교 예배의 대상이 삼위일체 하나님임을 강조하기 위함입니다. 하나님 이외의 다른 무엇도 예배의 대상이 될 수 없습니다. 우상은 물론이고 아무리 훌륭한 신앙인이라도 그리고 역사적인 의미를 갖는 인물이라도 결코 예배의 대상이 될 수 없습니다. 간혹 추도예배 때나 역사적으로 기념할 만한 인물을 기억하면서 예배할 때 혹은 무슨 특별

---

10) "우리는 한 분이신 성부 하나님을 믿습니다. 그분은 전능하셔서, 하늘과 땅과, 이 세상의 보이고 보이지 않는 모든 것을 지으셨습니다.

우리는 한 분이신 주 예수 그리스도를 믿습니다. 그분은 모든 시간 이전에 성부에게서 나신, 하나님의 독생자이십니다.

그분은 하나님에게서 나신 참 하나님이시요, 빛에서 나신 빛이시요, 참 하나님에게서 나신 참 하나님이시며, 성부와 같은 분으로, 낳음과 지음 받은 분이 아닙니다. 오히려 그분을 통해서 만물이 지음 받았습니다. 그분은 우리와 우리의 구원을 위하여 하늘로부터 내려오시어, 성령님의 능력으로 동정녀 마리아에게서 태어나, 참 인간이 되셨습니다. 우리 때문에 본디오 빌라도 치하에서 십자가 형을 받아, 죽임을 당하고 묻히셨으나, 성서의 말씀대로 사흘만에 부활하셨습니다. 그분은 하늘에 올라 성부 오른편에 앉아 계십니다. 그분은 산 이와 죽은 이를 심판하러 영광 가운데 다시 오실 것입니다. 그리고 그분의 나라는 끝이 없을 것입니다.

우리는 주님이시며, 생명을 주시는 성령님을 믿습니다. 성령님은 성부로부터 나오시어, 성부와 성자와 더불어 예배와 영광을 받으시고, 예언자들을 통하여 말씀하고 계십니다. 우리는 하나이고, 거룩하며, 보편적이고, 사도적인 교회를 믿습니다. 우리는 죄를 용서하는 한 세례를 믿습니다. 우리는 죽은 이들의 부활과, 오고 있는 세계에서 살게 될 것을 믿습니다. 아멘."

한 일을 계기로 감사 혹은 축하하며 예배할 때 하나님이 아닌 사람을 예배하는 인상을 자아내는 경우가 있는데요, 예배에서 사도신경으로 신앙을 고백함으로써 이런 잘못된 관행은 사전에 차단됩니다. 종교다원주의가 시대 정신으로 확산하고 있는 시대에 우리가 여호와 하나님을 예배한다는 사실을 재확인하고 또 그것을 공개적으로 밝히는 건 매우 중요한 사안입니다.

다른 하나는 앞서 말했듯이, 사도신경을 통해 신앙고백을 함으로써 성도는 비록 지역적으로는 떨어져 있어도 전 세계의 교회가 같은 삼위일체 하나님을 예배한다는 사실을 공개적으로 나타냅니다. 교회의 일치와 연대감을 확인하는 중요한 예전입니다. 따라서 사도신경은 예배 마지막이 아니라 반드시 앞부분에 위치해야 합니다.

일부 교회에서는 로마 가톨릭에서 유래한다고 해서 사도신경을 생략하기도 하는데 옳지 않습니다. 종교개혁 이후 개신교의 뿌리를 초대교회에 두는 관행이 일반적이라 해도 그렇다고 전통과의 완전한 단절은 불가능합니다. 비록 초대교회 전통에 뿌리를 두고 있다 하더라도 역사적으로는 가톨릭을 거쳐 개신교가 등장했기 때문입니다. 종교개혁 정신에 따라 확실하게 정리될 것이 아니라면 긍정적으로 해석하여 수용하는 것이 바람직합니다. 특히 이단과 우상숭배가 종교라는 이름으로 창궐하고 종교적 다원주의가 대체로 받아들여지는 오늘날 우리가 어떤 하나님을 믿는지를 재확인하는 일이나 특히 아버지와 아들과 성령 하나님을 한 분 하나님으로 고백하는 건 기독교 정체성을 유지하기 위해 절대적으로 필요합니다. 기독교 신앙은 유대교와 이슬람교의 유일신 신앙과 달리 삼위일체 하나님 신앙입니다. 종교다원주의 상황을 염두에 둔다면 유일신 신앙이 아니라 단일신(henotheism) 신앙이 더 정확한 표현입니다. 여러 신들이 주장되고 있는 상황에서 오직 여호와 한 분만을 하나님으로 섬기는 신앙을 말합니다. 이런 필요성에 따른 신앙 행위가 사도신경을 통한 신앙고백입니다.

참고로 신앙고백은 기도가 아니에요. 눈을 감아도 무관하나 반드시 그래야 하는 건 아닙니다. 말할 수 없는 상황이 아니라면 무엇보다 입을 열어서 옆 사람이 들을 수 있는 소리로 고백하는 것이 중요합니다. 왜냐하면 고백은 내 안에 있는 것을 드러내어 다른 사람이 알 수 있도록 밝히는 일이기 때문입니다.

사도신경을 통한 신앙고백이 나의 고백이 되기 위해선 사도신경의 기본 의미를 숙지해야 합니다. 사도신경은 삼위일체 구조로 되어 있어서 신앙의 본질을 학습하기에 매우 적합합니다. 사실 누구라도 쉽게 알 수 있도록 표현되어 있지만, 창조로부터 종말에 이르기까지 삼위 하나님의 사역을 망라하고 있기에 하나님을 더 자세히 알고 고백하기 위해 시간을 두고 공부하면, 예배에서 사도신경으로 신앙을 고백할 때 의미를 깊이 음미할 수 있습니다.

　사도 바울은 마음으로 믿어 의에 이르고 입으로 시인하여 구원에 이른다고 말했습니다(롬 10:10). 일상에서 신앙고백은 기독교 언어를 사용한다는 의미가 아니에요. 일상에서 신앙고백은 삶을 통해 하나님의 형상됨을 나타내고, 그리스도의 향기가 되고, 빛과 소금으로서 역할을 다하고, 우리가 서로 사랑함으로써 사람들이 우리가 예수 그리스도의 제자임을 알도록 하고, 그리고 그리스도인으로서 부르심에 합당하게 사는 삶으로 나타납니다. 이런 삶은 초대교회가 모범적이었어요. 초대교회가 박해를 받는 중에도 양적으로 성장한 이유입니다. 교회는 하나님 나라의 모형입니다. 교회를 보고 사람들이 하나님 나라가 존재하고 또 그 나라가 어떠한 곳인지를 알아볼 수 있는 그런 곳입니다. 이 일이 일어나도록 부름을 받은 사람이 성도요 그리스도인입니다. 그리고 일상 예배와 교회 예배는 이것이 현실임을 나타내 보입니다.

[내용 이해를 위한 질문]

1. 성경과 교회에서 상징은 왜 사용되고 있는가?

2. 교회 예배에서 예전이 갖는 의미는?

3. 성령님의 임재하심을 기도하는 이유는 무엇인가?

4. 신앙고백은 왜 하는가?

[나의 온전한 예배를 위해 적용할 점]

1. 일상에서 송영에 해당하는 건 무엇인가?

2. 일상으로 보냄을 받은 자의 바람직한 태도는?

3. 일상에서 신앙고백은 어떻게 이루어지는가?

3

온전한 예배

예배로의 부름

파송 초대

일상 찬양 교회 반응

축도

2. 성도가 알아야 할 예전의 기본 의미와 요구되는 반응 2

1) 교독문

찬송가 뒤에 보면 교독문이 있습니다. 예배에서 사용할 목적으로 부록 형태로 덧붙여져 있는 것입니다. 교독문은 과거 시편을 노래로 화답하던 관행이 이어져 내려와 오늘날 개신교 예전으로 정착하였습니다. 성도가 성경을 공유하면서 서로 소통하는 의식입니다. 성경으로 소통하는 목적은 하나님을 알고 또 하나님을 같은 마음과 같은 생각으로 말하기 위함입니다. 대부분은 시편으로 구성되어 있는데요, 시편이 하나님을 느끼고 경험한 저자의 기록이라 본다면, 이는 교독문이 본래 하나님 경험을 염두에 둔 예전임을 말해줍니다. 곧 예배 중에 교독문을 읽는 건 시편을 매개로 하나님을 알고 또 시인의 하나님 경험을 소통하기 위함입니다.

또한 교독문은 성서정과 혹은 성서일과(Lectionary)라고 해서요, 대림절, 성탄절, 수난절, 부활절, 성령강림절 등의 교회력에 따라 배치한 성구 모음입니다. 성서정과(일과)는 2~3년 단위로 매일 성경 본문들을 읽을 수 있도록 만들어 놓았습니다.

이것을 '연속적 읽기(lectio continua)'라고 해요.

교독문의 전통을 거슬러 올라가면, 신약에서도 발견할 수 있듯이, 유대인들이 안식일에 회당에 모여 성경을 읽는 관습과 관련이 있습니다. 유대인들은 연속적 읽기를 통해 성경을 읽고 또 해설하기도 했습니다.

시편은 많은 경우 리듬에 맞추어 노래로 불렸습니다. 시편을 인도자와 회중이 교대로 읽는 것은 일종의 찬양 전통에 속합니다(엡 5:19).[1] 종교개혁 이후 사라졌다가 다시금 도입되었는데요, 현재는 교독문 형태로 리듬 없이 읽는 관습으로 정착하였습니다. 지금은 시편뿐 아니라 절기 주제에 맞는 구절을 성경의 다른 부분에서 발췌하고 편집하여 찬송가 뒤에 수록하였습니다(찬송가 교독문 참고).

교독문, 곧 시편 구절을 서로 나누어 읽도록 편집한 본문은 하나님이 행하시는 일들을 선포하고 또 이와 관련해서 신앙 선배들의 삶과 각종 신앙 경험을 포함하고 있습니다. 신앙 선배들의 삶이 진솔하게 표현된 시편을 읽으면서 우리는 과거에 역사하신 하나님을 기억해내며 또 오늘날도 한결같이 혹은 새롭게 경험하길 기대하는 마음을 배울 수 있습니다. 또한 하나님의 말씀과 행위와 침묵(기도에 응답하시지 않는 느낌을 자아내는)에

---

1) **엡 5:19** "시와 찬송과 신령한 노래들로 서로 화답하며 너희의 마음으로 주께 노래하며 찬송하며"

대한 신앙 선배들의 반응을 배울 수 있어요. 그리고 이를 통해 우리는 하나님을 새롭게 배울 수 있습니다. 교독문은 일상 예배의 경험이 교회 예배로 이어지게 하는 매개 역할을 하는 예전입니다.

그러므로 예배 중에 교독문을 읽는 이유는

첫째, 시편을 통해 선포된 하나님의 행위를 오늘의 상황에서 새롭게 기억하고,

둘째, 교독문을 매개로 과거와 현재의 성도 간 교제가 가능하고,

셋째, 성도의 삶이 예배에서 어떻게 반영되는지 주지시키고,

넷째, 과거에 행하신 하나님을 알게 됨으로써 영원히 변치 않으시는 하나님이 오늘날 어떤 일을 하실 것인지를 구체적으로 기대할 수 있기 때문입니다.

교독문을 읽을 때 성도는 이점을 놓치지 않아야 하고요, 무엇보다 교독문 예전이 형식적으로 행해지지 않도록 주의해야 합니다. 교독문 예전이 의미 있기 위해 성도는 교독문을 읽을 때 내용에 공감할 수 있도록 준비하면 좋겠어요. 교독문의 내용을 예배 전에 숙지한다면 큰 도움이 됩니다. 예배 시간 전에 와서 미리 읽어보며 묵상할 수도 있고, 그럴 시간이 없다면 교독문 시간에라도 주의를 집중해서 의미를 파악하며 소리 내어 천천히 읽습니다. 소리를 내지 않는 것은 예전으로서 교

독문의 취지에 맞지 않습니다. 한 주 전 주보에-만일 가능하다면-예배의 주제와 설교 본문 그리고 교독문을 미리 공지하면 성도가 예배를 준비하는 일에 큰 도움이 됩니다.

일상의 예배에서 '교독문'에 해당하는 삶의 모습은 성도가 하나님이 행하신 일들을 선포하며 서로가 서로에게서 하나님의 말씀을 듣고 또 서로가 서로에게 하나님의 말씀을 전하면서 신앙 경험을 나누는 일입니다. 예컨대 '큐티 나눔(성경의 의미를 묵상한 후 깨달은 것이나 삶에 적용할 점들을 서로 나누는 일)' 같이 매일 같은 본문의 성경을 읽은 후 하나님의 말씀을 매개로 삶의 경험을 서로 소통하는 일을 생각할 수 있습니다. 사실 일상에서 그리스도인이 항상 믿는 자와 만나며 사는 건 아니기에 누구를 만나도 삶의 의미와 그것을 삶에 적용하는 일과 관련한 대화 혹은 정직한 삶, 화평한 삶, 정의로운 삶, 헌신하는 삶, 의미와 보람이 있는 삶 등에 관한 진정성 있는 대화도 교독문의 의미에 부합하는 일상 예배의 한 모습이라 볼 수 있습니다. 공적(公的) 주제에 대한 공감적인 대화를 통해 하나님의 다스림을 받는 사람들의 삶과 경험을 공유할 수 있기 때문이지요. 때로는 무의미하게 보이는 대화나 유머 감각을 잃지 않는 대화도 필요합니다. 그러나 현실의 키치 같은 문제에만 집중하여 보람된 삶을 위한 의미 있는 대화를 나눌 기회가 사라지고 있는 데에는 그리스도인의 책임이 없지 않습니다. 영향력 있는 기독교 문화의 부재를 입증하는 현상이기 때문입니다.

2) 성경 봉독

예배에서 성경 봉독은 하나님의 말씀을 듣는 시간입니다. 이 예전을 통해 하나님은 말씀하시는 분이고 사람은 듣는 자라는 하나님과 사람의 관계가 분명해집니다. 말씀을 읽고 들음으로써 성도는 과거에 하나님이 행하신 일들을 상기하며 지금 이곳에서 하나님이 말씀하시는 것을 오늘 내게 주시는 말씀으로 들을 수 있습니다. 성경은 과거의 기록이지만, 하나님은 살아계시고 지금도 일하시기에 하나님을 기대할 수 있는 근거가 되고 심지어 새로운 경험을 이끕니다. 과거를 되새김으로써 하나님의 행위를 현재화하고 또 미래에 행하실 일들을 들으면서 소망 가운데 하나님을 신뢰하길 배웁니다.

성경 봉독은 교독문과 같이 원래 성서정과('성서 일과'라고도 하며 기독교 교회력에 따라 배치한 성경)에 따라 구약과 시편과 복음서(혹은 서신서)를 읽는 전통에서 유래합니다. 일부 교회에서 실천하고 있지만, 대부분 교회는 대체로 설교 본문만을 읽는 것 같습니다. 하나님의 말씀을 균형 있게 읽고 또 지나치게 설교 중심의 예배에서 벗어나기 위해서라도 교독문을 포함하여 설교본문을 읽는 것 이외에 성경 봉독은 오늘날 회복해야 할 예전 중 하나입니다.

설교 본문인 성경을 읽는 건 설교가 하나님의 말씀인 성경에서 나온다는 사실을 밝히는 것입니다. 설교는 인간의 생각이나 삶의 경험에서 나오지 않습니다. 사상이나 가치관을 전하거나 복잡한 사상의 의미를 밝히는 시간도 아닙니다. 그럴 기회가 필요하지만 다른 시간을 활용해야 하고요, 무엇보다 설교는 하나님 말씀을 전하는 시간입니다. 하나님의 말씀을 사람의 입으로 선포하는 설교는 예수 그리스도의 계시와 하나님의 말씀인 성경으로부터 나오며 말씀을 선포하는 인간의 말에 성령님이 역사함으로 성도는 설교를 하나님의 말씀으로 듣습니다. 따라서 성경 봉독과 설교는 구분되면서도 서로 밀접한 관계를 갖습니다.

설교의 효과를 높이기 위해 성경 봉독을 생략하고 설교의 결론 부분에 설교 본문을 읽는 설교자가 있습니다. 특히 본문에 설교의 메시지를 알만한 단서가 분명하게 드러나 있는 경우에 설교의 마지막 부분에 메시지를 전달하는 의미에서 성경을 읽는 경우가 있습니다. 일종의 설교 디자인에 따른 것인데요, 그렇다고 해서 이것이 말씀과 전혀 무관한 설교가 되는건 아닙니다. 그런데 만일 성도가 성경 봉독의 순서와 관련해서 설교에 대한 오해에 사로잡히면 설교에 집중할 수 없어 하나님의 말씀을 듣지 못합니다. 따라서 성경 봉독을 설교 전에 할 것인지 아니면 결론에 할 것인지와 관련해서 불필요한 오해를 하지 않았으면 좋겠습니다. 물론 처음부터 말씀과 무관한 말로 설교를 가득 채우고는 마지막 부분에서 성경을 잠깐 언급하며 마치거나 주제에 따른 강연처럼 설교하고 본문은 단지 보조적으로 사용하는 설교자도 있기에 성도들의 염려를 충분히 이해합니다. 그래도 관건은 말씀을 경청하는 것이니 괜한 오해로 인해 말씀에 귀 기울이지 못하는 일이 없으면 좋을 것입니다.

성경은 하나님의 말씀입니다. 필자가 독일에 있을 때 출석했던 독일 교회에서는 성경을 읽는 순서에 성도가 일어서서 듣도록 했습니다(참고: 느 8:5).2) 그만큼 하나님의 말씀을 중시하고 또 하나님이 말씀하시고 인간이 경청한다는 의미를 몸을 통해(태도를 통해) 표현한 것으로 생각합니다. 한국교회 성도는 앉아서 성경을 찾아가면서 함께 읽거나 서로 나누어서 읽는 방식에 익숙하나 반드시 그래야 하는 건 아닙니다. 어떤 방식으로 읽든 성경을 읽는 시간에는 하나님의 말씀을 존중하는 의미의 형식을 갖추는 것이 좋겠습니다. 다리를 꼬고 앉거나, 팔짱을 끼고 듣거나, 집중하지 않고 건성으로 성경을 읽거나 듣는 태도는 지양해야 합니다. 할 수만 있다면 일어서도록 해서 순서를 진행해도 괜찮다고 생각합니다. 직접 성경을 펼치지 않고 스크린에 의지해서 성경을 읽는 관행에 익숙한 오늘날에는 그렇게 할 필요성은 더욱 큽니다.

일상 예배에서 성경 봉독은 성경을 꾸준히 읽는 행위(lectio continua)에 해당합니다. 하나님의 통치를 사모하는 그리스도인이 매일 일정한 시간에 성경을 읽는 일은 지극히 당연합니다. 성경을 읽지 않으면 신앙 연륜이 아무리 많이 쌓였어도 자기

---

2) **느 8:5** "에스라가 모든 백성 위에서 서서 그들 목적에 책을 펴니 책을 펼 때에 모든 백성이 일어서니라"

소견에 옳은 대로 살 수밖에 없습니다. 성경을 읽는 것이 중요하나 때로는 듣는 일도 필요합니다. 타인이 성경을 읽는 것을 들을 기회가 있으면 적극적으로 활용하길 제안합니다. 요즘은 시각 장애인을 위해서뿐만 아니라 바쁜 현대인을 위해서도 성경을 낭독해주는 스마트폰 앱이 있습니다. 어떻게 듣든 건성으로 듣는 일은 없어야겠어요. 들을 때와 읽을 때를 비교하면 깨달음의 결이 확실히 다름을 확인할 수 있을 겁니다.

혼자 있을 때 성경 읽기는 할 수 있는 한 소리를 내어 읽는 것이 좋습니다. 성경은 원래 소리를 내어 읽도록 구성된 것이기에 그렇습니다. 소리를 내어 읽으면 귀로 들을 수 있기에 내용 이해에 더욱 큰 도움이 됩니다.

3) 설교

설교는 하나님이 인간의 말을 사용하여 직접 말씀하시는 시간입니다.[3] '말씀하시는 하나님'[4]은 설교에서 가장 분명해집니다. 하나님과 인간의 관계에서 하나님은 말씀하시고 인간은 듣습니다(혹은 하나님이 말씀하시는 건 반드시 현실이 되기에 '인간은 본다'라고 말할 수 있다). 설교는 하나님의 부름을 받고 위임을 받은 설교자가 이것을 실행하는 사역입니다. 설교에서 청중이 듣거나 혹은 보기 위해선 인간의 뜻이나 사상이 아니라 복음, 곧 예

---

3) "Praedicatio Verbi Dei Est Verbum Dei(The Preaching Of The Word Of God Is The Word Of God)". 이 고백은 Confessio Helvetica Posterior(The Second Helvetic Confession)에 나오며, 1562년 하인리히 불링어(Heinrich Bullinger)에 의해 작성되었다.

4) Deus Dixit(God has spoken).

수 그리스도를 통해 계시한 하나님의 뜻과 말씀과 행위가 선포되어야 합니다.

요한계시록 5장에서 계시록의 저자는 마지막 날에 있을 일들을 알려줄 두루마리가 굳게 봉해져 있어서 열 수 있는 사람이 없다는 사실을 알고는 크게 울었다고 했습니다. 이어서 어린 양으로 혹은 "유대 지파의 사자 다윗의 뿌리"로 표현된 예수 그리스도가 유일하게 인을 떼어 그것을 알려주신다고 했습니다(계 5:5, 7; 6:1).[5] 감추어진 말씀을 예수 그리스도가 알려주시는 일, 이것을 상징하고 또 설교자를 매개로 실제로 일어나는 예전이 설교입니다. 설교는 설교자의 순종을 통해 실행되지만, 설교자를 통해 말씀하시면서 그 말씀의 비밀을 밝히는 이는 성령님입니다.

설교는 하나님과 인간의 관계가 어떠해야 함을 가장 분명하게 드러내는 예전입니다. 곧 하나님은 말씀하시고 피조물인 인간은 듣고(혹은 보고) 순종합니다. 이 관계는 절대 바뀌지 않습니다.[6] 물론 하나님이 인간의 말(기도)에 귀 기울이기도 하시지만, 그렇다고 인간의 말에 순종하시는 건 아닙니다.

성경을 바탕으로 하는 설교는 인간의 말을 사용하여 하나님이 말씀하시면서 당신 자신을 계시하는 시간입니다. 성도는

---

5) **계 5:5** "장로 중의 한 사람이 내게 말하되 울지 말라 유대 지파의 사자 다윗의 뿌리가 이겼으니 그 두루마리와 그 일곱 인을 떼시리라 하더라"; **계 5:7** "그 어린 양이 나아와서 보좌에 앉으신 이의 오른손에서 두루마리를 취하시니라"; **계 6:1** "내가 보매 어린 양이 일곱 인 중의 하나를 떼시는데 그 때에 내가 들으니 네 생물 중의 하나가 우렛소리 같이 말하되 오라 하기로"

6) 유일한 예외는 기도이다. 기도를 설명할 때 더 자세한 내용을 살펴보겠지만, 하나님과 인간의 관계를 염두에 두고 생각해본다면 기도가 얼마나 큰 은혜의 시간인지 모른다.

설교자가 설교를 자기의 생각과 신념을 전하는 방편으로 삼는지, 아니면 순수하게 하나님의 말씀만을 전하는지를 분별할 수 있어야 합니다. 그만큼 청중이 설교를 올바르게 듣기 위한 교육이 필요하다는 말입니다.[7] 또한 청중은 자기가 듣고 싶은 것만을 들으려고 하지 않아야 해요. 설령 듣기에 거북한 말이라도 그것이 옳은 일에 관한 것이라면 하나님의 말씀으로 인정하고 경청해야 합니다.

성도는 설교를 들음으로써 하나님의 말씀을 듣고 하나님을 알게 되며 또한 하나님을 만납니다. 말씀을 통해 하나님을 만날 때 성도는 자기 안에 갇혀 있는 상태에서 벗어납니다. 위로, 치유, 해방, 구원 등의 경험이 일어납니다. 물론 일반 연설을 들을 때도 종종 일어나는 일이긴 하나, 이건 하나님의 일반 계시에 따른 일입니다. 그러므로 하나님이 말씀 안에서 우리를 만나주신다는 말이 정확합니다. 설교를 통해 일어나는 변화는 다른 어떤 연설을 통해서도 쉽게 얻기 힘든 일이지요. 설교를 통해 역사하시는 성령께서 하시는 일이기 때문입니다. 사람의 진정한 변화는, 설령 심리 치료나 명상 등 기타 유익한 정신 수련들이 도움이 될 수는 있어도, 오직 성령님을 통해서만 가능합니다.

설교에 대해 성도가 보여야 할 마땅한 반응과 관련해서 보다 상세한 내용에 관해서는 필자의 책(『어떻게 하면 설교를 바르게 들을 수 있을까』)을 참고하길 바랍니다. 무엇보다 강조할 부분은

---

7) 참고: 최성수, 『어떻게 하면 설교를 바르게 들을 수 있을까』(대전: 이화, 2019).

귀를 기울이며 듣는 태도인 경청8)입니다. 듣는 건 수동적인
태도이고, 경청은 적극적인 참여의 태도입니다.

하나님과 인간의 관계에서 말씀하시는 하나님에 가장 적합
한 반응은 듣고 아멘 하며 순종하는 것이라고 했습니다(고후
1:18-20)9). 말씀하시는 하나님에 대해 인간은 귀 기울여 들음으
로써 반응합니다. 따라서 예배에서 설교는 성도가 설교자의
말을 통해 말씀하시는 하나님의 말씀에 귀 기울여 듣고 아멘
하며 반응할 것을 요구합니다. 귀 기울여 듣는다는 건 수동적
인 태도가 아닙니다. 귀 기울여 들을 때 상호작용이 일어납니
다. 말하고 듣는 중에 듣고 해석하는 과정이 일어납니다. 말하
는 설교자는 청중을 염두에 두지 않고 말하지 않으며, 청중
역시 수동적으로 듣고만 있지 않고 어떤 형태로든 설교자에게
영향을 미치는 반응을 합니다. 왜냐하면 청중이 귀 기울인다
는 것은 설교자의 현실과 실존에 주의하면서 설교를 듣는 것
을 의미하기 때문입니다.

설교 시간에 예배 영상은 대개 설교자에 중점을 둡니다. 중
계나 녹화를 한다면 당연한 일이긴 합니다만, 예배 현장에 있
는 성도들이 오직 말씀에만 집중하길 원하거나 예배당 규모가

---

8) 경청의 한자어는 傾聽과 敬聽이 있다. 전자는 귀를 기울여 듣는 것을 말하고, 후자는 공경
하는 마음을 듣는 것을 말한다. 경청을 말할 때는 두 가지 의미를 포함한다고 생각한다.
곧 경청은 귀를 기울여 듣기도 하지만 상대를 존중히 여기는 마음으로 듣는 태도이다.

9) **고후 1:18-20** "하나님은 미쁘시니라 우리가 너희에게 한 말은 예 하고 아니라 함이 없노
라 우리 곧 나와 실루아노와 디모데로 말미암아 너희 가운데 전파된 하나님의 아들 예수
그리스도는 예 하고 아니라 함이 되지 아니하셨으니 그에게는 예만 되었느니라 하나님의
약속은 얼마든지 그리스도 안에서 예가 되니 그런즉 그로 말미암아 우리가 아멘 하여 하
나님께 영광을 돌리게 되느니라"

크지 않다면, 설교하는 동안 예배 영상을 끄는 것도 생각해볼 만해요. 왜냐하면 영상이 종종 말씀에 대한 집중을 방해할 수도 있기 때문이죠. 영상은 한편으로는 사람이 볼 수 있도록 하지만, 다른 한편으로는 사람에게 특정한 이미지를 보여주는 의도를 실행합니다. 영상의 효과를 안다면 이런 의도성 때문에 자칫 설교자가 예배의 중심에 놓일 수 있습니다. 사람들은 말씀의 내용보다 클로즈업 상태에서 스크린에 비치는 설교자의 외모와 표정에 집중할 가능성이 크기 때문이지요. 그러므로 특히 영상을 매개로 예배에 참여하는 사람은 말씀이 아니라 설교자 개인에 집중하지 않도록 조심해야 합니다. 청중은 이런 일이 일어나지 않도록 주의해야 해요.

일상의 예배에서 설교에 해당하는 부분은 Q.T.나 방송, 인터넷, 유투브 등을 통해 듣는 설교일 수 있지만, 엄밀히 말해서 내가 말할 기회를 줄이고 타인이 말하도록 배려할 뿐만 아니라 타인의 말을 진심을 갖고 경청하는 태도라 볼 수 있습니다. 보통 내가 말할 권한이 있고 또 그럴 기회가 있을 때 절제하여 오히려 타인이 말하도록 배려하는 일은 쉽지 않아요. 특히 한국 사회에선 나이가 많거나 직장에서 직위가 높을수록 말할 기회가 많이 주어지는데요, 이런 때일수록 오히려 남의 말을 들으려 노력할 필요가 있습니다. 왜냐면 그것이 일상에서 예배하는 자로 살아가는 모습이기 때문입니다.

일상의 예배에서 설교에 해당하는 또 다른 부분은 자기가 원하는 말만 듣는 것이 아니라 듣기에 거북한 고언이라도 기꺼이 마음을 다하고 귀를 기울여 듣는 것입니다. 설교가 청중이 듣고 싶은 말로 일관할 때 왜곡하고 변질하는 것처럼, 일상에서 주변 사람의 충언과 고언에 귀를 막고 오직 자기가 듣고 싶은 말만을 들을 때 일상은 조금씩 조금씩 한쪽으로 기웁니다. 비록 한쪽으로 완전히 편향하기까지는 시간이 걸리겠지만요, 하나님이 원하시는 삶의 궤도에서 벗어나 기울어지기 시작하면 나중에는 걷잡을 수 없는 국면을 만납니다. 나와 다른 사람들의 말에 마음을 닫는 극단적 보수주의나 극단적 진보주의는 전형적인 사례입니다. 사실 내 안에 부정적인 기운을 일으키고 또 그것을 확산하는 듯한 말을 듣는 것만큼 괴로운 일은 없습니다. 그러나 진심으로 귀를 기울인다면, 비록 쓴소리라도 나 자신이 결단코 하지 못하는 일을 할 수 있는 기회를 얻을 수 있습니다. 내 주변의 사람을 통해 하나님이 말씀하시는 계기일 수 있습니다. 그러니 충언과 고언을 들을 때 말하는 사람을 비난할 것이 아니라 오히려 그 말의 적합성을 따져 수용하든가 아니면 그냥 흘려버리든가 하면 됩니다. 충언과 고언을 결심하는 일도 사실 쉬운 결정은 아니거든요.

참고로 이청득심(以聽得心)이라는 말에 관해 생각해보지요. 귀기울여 들음으로써 사람의 마음을 얻는다는 의미입니다. 특히 우리 주변의 사람들, 특히 믿지 않는 사람들의 마음을 얻기 위해선 말하기보다 듣기를 우선해야 합니다. 솔로몬의 기도와 하나님의 응답에서 알 수 있듯이(열상 3:1-15), 이것이 하나님의 마음에 합한 기도가 되고 또 지혜를 얻는 최고의 방법입니다. 인내를 갖고 들음으로써 구원받을 사람을 얻을 수 있다면 그 것만큼 귀한 일이 어디 있을까요.

그렇다면 사람들은 왜 경청하는 일에서 실패할까요?

첫째, 각각 자기보다 남을 낮게 여기는 마음이 없기 때문입니다. 사람들은 적어도 자신보다 조금이라도 더 나은 사람의 말에 귀를 기울이려고 합니다. 설교자가 사람들을 존중하는 마음만 있어도 청중은 경청합니다.

둘째, 사람들을 통해 배우려 하지 않기 때문이며 자신의 기준에 따라서 배울 가치가 없다고 평가하기 때문입니다. 사람을 무시하기 때문에 경청할 필요성을 느끼지 않습니다. 교만한 사람에게서 쉽게 볼 수 있습니다. 이에 비해 배울 마음을 갖춘 겸손한 사람은 누구를 만나든 그 사람에게서 배우려고 합니다. 논어 '술이편'에 보면 "삼인행이면 필유아사언이라(三人行必有我師焉)"라는 말이 있습니다. 세 사람이 길을 가면, 반드시 그중에 나의 스승이 있다는 말입니다. 시편 19편의 기자는 하늘과 별과 달을 통해 하나님의 영광을 볼 수 있다고 말했습니다. 배우려고 하면 장소와 시간을 가리지 않고 배울 수 있습니다.

셋째, 오직 자기 관심에만 취해 있기 때문입니다. 각종 SNS에서 드러나는 현대인의 나르시시즘에서 볼 수 있는 현상입니다. 오직 자기 관심만을 좇는 사람들은 자기 관심에서 벗어나는 말에는 결코 귀를 기울이지 않습니다. 최근에는 타인에게 해를 끼치지 않는다면 타인을 돌보지 않고 자기 행복을 추구하며 사는 것도 일종의 소확행으로 인지되고 있습니다. 자신을 돌보지 않고 타인의 이름으로 사는 것이 바람직하지 않다는 현실에 대한 자각에 따라 반대 작용으로 등장한 현상이긴 하나 예수님을 따르는 자들은 이런 흐름에 휩쓸리지 않아야겠습니다.

넷째, 해야 할 일이 너무 많아 분주하게 보내다 보니 타인의 말에 귀를 기울일 마음의 여유가 없기 때문입니다.

다섯째, 듣기보다 말하기를 혹은 배우기보다 가르치기를 더 좋아하기 때문입니다. 권위적인 사람이나 말의 무게중심을 상실한 사람에게서 흔히 볼 수 있습니다.

저는 개인적으로 '얀테의 법칙(Jante Law)'을 좋아합니다. 이건 노르웨이 작가 악셀 산데모네의 소설 "도망자"에 나오는 행동 규칙입니다. 북유럽 사람들의 행복 지수가 높은 건 잘 알려진 사실인데요, 그 비결이 바로 얀테의 법칙을 실생활에서 실천하기 때문이라고 말하는 사람들이 많습니다. 우리는 늘 '나는 특별한 사람'이라는 걸 의식적으로 강조하지만요, 얀테의 법칙은 모두가 평범하기에 서로 협력하는 삶을 강조하는 북유럽 사람의 마음을 잘 표현합니다. 인간은 서로 돕는 존재라는 성경의 정신에도 부합합니다. 이걸 몸에 익히면 다른 사람의 말에 귀를 기울이는 일이 어렵게 느껴지지 않습니다.[10]

---

10) 인터넷 사이트에서 퍼옴 https://m.dailian.co.kr/news/view/730282

1. You are not to think you are anything special. 당신이
   특별하다고 생각하지 마라.
2. You are not to think you are as good as us. 당신이 남
   들만큼 좋은 사람이라고 생각하지 마라.
3. You are not to think you are smart than us. 당신이 남
   들보다 똑똑하다고 생각하지 마라.
4. You are not to convince yourself that you are better
   than us. 당신이 남들보다 더 낫다고 스스로 확신하지
   마라.
5. You are not to think you know more than us. 당신이
   남들보다 더 많이 안다고 생각하지 마라.
6. You are not to think you are more important than us.
   당신이 남들보다 더 중요하다고 생각하지 마라.
7. You are not to think you are good at anything. 당신이
   모든 것을 잘한다고 생각하지 마라.
8. You are not to laugh at us. 당신은 남들을 비웃지 마라.
9. You are not to think anyone cares about you. 누구도
   당신에게 관심이 있다고 생각하지 마라.
10. You are not to think you can teach us anything. 당신
    이 남들에게 무엇이든 가르칠 수 있다고 생각하지 마라.

그러나 하나님의 관점에서 부르심에 따라 사는 사람은 하나
님에 의해 특별한 사람으로 인정받는 사실을 잊지 말아야겠습

니다. 물론 사도 바울이 말한 대로 자기보다 남을 더 낮게 생각한다면, 하나님에 의해 특별한 사람으로 인정받는다고 해서 그것이 자기가 남보다 낫다는 의미는 아니지만요.

[내용 이해를 위한 질문]

1. 예배에서 성경을 읽는 이유는 무엇인가?

2. 예배에서 설교는 왜 있는가?

3. 설교에 적합한 반응은 무엇인가?

[나의 온전한 예배를 위해 적용할 점]

1. 일상에서 하나님의 말씀을 듣는 방법은 무엇인가?

2. 일상에서 설교를 듣는 행위에 해당하는 건 무엇이겠는가?

4

온전한 예배

예배로의 부름

피송 초대

흩어짐 일상

천상 교회 견금

축도

3. 성도가 알아야 할 예전의 기본 의미와
요구되는 반응 3

1) 기도

기도하는 방식은 매우 다양합니다. 납작 엎드려서 하거나 앉아서 하거나 서서 하거나 무릎을 꿇고 기도합니다. 손을 들고 하거나 손을 모으고 기도합니다. 소리를 내거나 침묵으로 기도합니다. 실내에서 기도하거나 실외에서 걸으면서 기도합니다. 어떤 방식으로 하든 기도는 예배의 대상인 하나님이 이곳에 계시고 성도의 기도를 들으시는 것을 믿고 하나님에게 말을 거는 신앙 행위(talk to God)입니다. 하나님을 신뢰하는 자에게 볼 수 있는 전형적인 신앙 행위입니다. 설교를 다룰 때 언급한 대로 하나님과의 관계에서 인간은 듣고 순종하며 반응하는 존재입니다. 그러나 기도는 인간이 자기 관점에서 하나님께 말하도록 허락받은 유일한 신앙 행위입니다. 얼마나 큰 은혜인지 모릅니다. 사도 요한은 어린 양 앞에 놓인 거문고와 향이 가득한 금 대접을 말하면서 향을 가리켜 "성도의 기도들"(계 5:8)[1]이라고 표현했습니다.

---

1) **계 5:8** "그 두루마리를 취하시매 네 생물과 이십사 장로들이 그 어린 양 앞에 엎드려 각각 거문고와 향이 가득한 금 대접을 가졌으니 이 향은 성도의 기도들이라".

기도는 원시종교는 물론이고 또한 세계 모든 고등종교에서도 볼 수 있는 가장 보편적인 종교현상입니다. 그만큼 기도는 인간의 본질과 맞닿아 있는 종교 행위이며 무엇보다 인간이 초월자와의 관계에서 욕망을 추구하는 가장 기본적인 형태입니다. 생존을 위한 생리적인 욕구에서부터 자아실현 및 초월의 욕구에 이르기까지 인간의 욕구에 대한 스펙트럼은 매우 넓고 문명의 발달에 비례하여 더욱 다양화되고 또 확대되는 경향이 있습니다. 기도는 욕구들을 촉발하기도 하고 욕구의 실현을 중재하기도 합니다. 이런 욕구를 충족하기 위한 기도는 모든 종교에서 볼 수 있는 가장 보편적인 현상입니다.

그러나 기독교의 기도는 앞서 언급한 의미의 기도와 다릅니다. 간단히 말해서 기독교의 기도는 개인의 욕구를 충족하기 위한 행위가 아니에요. 간구라는 형태로 필요한 것을 구하는 기도가 있으나, 그렇다고 해서 개인의 욕구를 충족하기 위한 건 아닙니다. 의미에서 본다면, 기독교 기도는 인간이 하나님이 아님을 인정하는 행위이며, 인간은 자기가 하나님처럼 자족하는 존재가 아님을 기도를 통해 드러냅니다. 그리고 인간은 반드시 하나님을 의지할 수밖에 없는 결핍된 존재임을 나타냅니다.

그렇다면 만일 그리스도인으로서 기도하지 않는다면, 이건 무엇을 의미할까요? 인간이 자기를 하나님으로 여기는 일이겠지요. 하나님처럼 자족하는 존재로 여기는 겁니다. 그리스도인이 기도하지 않는 건 하나님을 의지할 필요가 없다는 것을 시

위하는 일입니다.

기독교 기도는 주로 하나님의 뜻과 행위에 맞추어져 있습니다. 여호와 하나님과의 관계에서 드리는 기도는 찬양과 감사와 간구 그리고 도고(禱告 딤전 2:1)[2]가 있습니다. 하나님을 높이고 칭찬하며(찬양), 모든 일이 하나님의 섭리 가운데 이루어짐과 또 모든 것이 하나님께서 행하셨음을 인정하고(감사), 그리고 스스로 기도하지 못하는 사람을 위해 혹은 아직 하나님을 알지 못하여 기도할 수 없는 사람을 위해 기도하는데요, 그러니까 나만을 위해서가 아니라 타인을 위해서도 일하시는 하나님을 인정하면서 대신 기도합니다(도고). 그리고 간구는 기도를 들으시는 하나님에 대한 믿음을 전제합니다. 엄밀히 말해서 나를 위해서만 복을 구하지 않고(이는 기복신앙) 나와 타인을 위해 복을 구하는 일입니다. 하나님의 나라가 세상 가운데 나타나고, 하나님의 이름이 거룩히 여김을 받으며, 하나님의 뜻이 땅에서도 이루어지는 걸 볼 수 있기 위해 필요로 하는 것을 구합니다. 그것들이 먼저는 자기 안에서와 자기에게 일어나고, 그리고 자신을 통해 세상에서 이루어지길 구합니다. 이 일을 위해 능력을 구하는 것이죠.

한편, 기도와 관련해서 흔히 듣는 말에 '회개기도'가 있어요. 신앙인의 언어생활에서 자주 듣는 말입니다. 엄밀히 말해

---

2) **딤전 2:1** "그러므로 내가 첫째로 권하노니 모든 사람을 위하여 간구와 기도와 도고와 감사를 하되". 흔히 중보기도라고 하는데, 이는 오직 예수 그리스도의 위치에서 하는 기도이다. 따라서 올바른 표현이 아니다. 도고는 기도를 통해 알린다는 뜻인데, 타인의 형편과 처지를 아는 사람을 대신하여 기도를 통해 하나님에게 알리는 행위를 가리킨다.

서 회개는 기도가 아닙니다. 오히려 생각과 의지와 삶의 변화입니다. 그러니 회개하는 것이지 회개를 기도하는 것이 아닙니다. 이에 비해 '죄의 고백'은 숨겨진 자기 죄를 하나님에게 말한다는 의미에서 기도의 한 형태라 볼 수 있습니다.

하나님에게 말하는 신앙 행위로서의 기도는 먼저는 성경에서 확인할 수 있는 하나님의 뜻을 인정하고 구하는 일입니다. 그 뜻이 자신에게 그리고 자신을 통해 일어나길 바라는 마음을 고백하는 일이며, 내가 알고 경험한 은혜가 이웃에게도 일어나 그들이 하나님과 사귐 안에 있도록 돕는 의지를 다지며 실천하는 일입니다. 이런 의미에서 기도는 기도 내용과 자기와 직접적인 연관성을 받아들이는 일이기에, '위험한 모험'이라 말할 수 있습니다. 기도만 하고 기도 내용과 무관한 삶을 사는 건 겉치레에 불과할 뿐 진정한 기도라 말할 수 없습니다. 성경 속 바리새인의 기도에서처럼 기도는 위선의 방편으로 사용되기도 하거든요. 기도하면서 자기가 누구인지 말하긴 하나 실천하지 않는 건 자기를 그럴듯하게 포장하기 위한 수단에 불과합니다.

기도는 하나님의 뜻이 자신의 욕망을 치료하고 고치길 기대하는 일이고, 그리고 간혹 자신의 욕망이 하나님의 뜻과 일치하길 구하는 일입니다. 일치하지 않을 때는 하나님의 뜻을 우선으로 인정하며 자신의 욕망을 복종시키거나 수정합니다. 그래서 성도에게 기도는 단순한 언어 행위가 아니라 자기와의 처절한 투쟁이 일어나는 사건입니다.

무엇보다 하나님의 뜻을 인정하고 또 그것을 구하는 의미의 기도가 가장 우선되기 때문에 기도의 기본 정서 중에 으뜸은 감사입니다. 감사는 하나님이 행하시는 일이 항상 옳음을 인정하는 것에서 시작해요. 내 맘을 흡족하게 하든 그렇지 않든 기도를 통해 하나님의 뜻을 알게 되는 것에 대해 성도는 감사할 수밖에 없습니다. 왜냐하면 그래야 하나님의 뜻 안에 거할 수 있기 때문입니다. 감사는 하나님 앞에서 살아가는 성도가 자신에게 일어난 모든 일에 대해 하나님께서 행하셨음을 인정함으로 그것을 수용하는 행위입니다. 좋은 일 때문에만 감사하지 않고, 설령 좋지 않은 일이라도 하나님의 선하신 뜻을 기대하며, 또한 하나님의 섭리에 따른 선한 인도를 기대하면서 감사합니다.

예배 중에 기도가 있는 이유는 무엇일까요? 기도는 결핍한 존재로서 본능적으로 구할 수밖에 없는 인간이 하나님의 현존 앞에 있게 될 때 행할 수 있는 가장 원초적인 행위입니다. 결핍의 존재가 전능하신 분 앞에 있게 될 때 무엇을 해야 마땅할까요? 결핍의 문제를 해결할 것을 구하는 것이 아닐까요? 예배에 기도가 있는 이유는 인간은 자신이 하나님이 아니며 하나님을 의지하고 사는 존재이기에 하나님의 뜻을 구할 수밖에 없음을 인정하고 이것을 고백하길 배워야 하기 때문입니다. 교회 예배의 기도는 성도가 하나님에게 말할 수 있도록 허락받았음을 알고 또 실천하는 일입니다.

예배에서 기도는 공동체를 위한 것이라는 의미에서 성격상 중보기도(도고)이며 따라서 기도 내용에서 개인 기도와 반드시 달라야 합니다. 물론 그렇다고 해서 찬양과 감사와 간구의 성격이 사라지는 건 아닙니다. 다만 개인에 집중하는 대신에 교회와 이웃과 국가 그리고 세계를 위한 내용이 기도에 포함되어야 합니다. 설령 기도자가 갈등의 중심에 있는 어느 한 쪽 편을 지지한다 해도 기도할 때는 일치를 위한 기도가 바람직합니다. 교회 공동체와 성도 개인은 교회 예배의 기도를 통해 신앙의 공공성을 실천합니다. 만일 그렇지 않다면 기도는 반드시 수정해야 합니다. 기도는 기도 내용을 실천하겠다는 결단으로 이어지기에 공동체의 비전과 다른 기도가 되지 않도록 목회자는 대표기도 인도자에게 적당한 기도 제목을 주지시켜야 합니다.

기도의 기본 행위는 간구입니다. 원하고 필요한 것을 구하는 기도를 말합니다. 간구는 기도를 들으시고 응답하시는 하나님 신앙을 전제합니다. 내가 원하는 것을 하나님께 구하며 응답을 기다리는 기도입니다. 하나님의 뜻을 구하는 것이 올바른 기도이지만, 무엇을 구할지 알지 못할 때는 무작정 구하지 말고 성령께서 도와주시길 기다리며 주기도문으로 기도하거나 무엇을 기도할지를 알기 위해 침묵 가운데 호흡하며 준비하는 것이 바람직합니다. 중언부언으로 기도하는 건 하나님이 원치 않는 행위이기 때문입니다. 올바른 간구 곧 응답을 받는 기도를 위해선 하나님의 뜻을 알아야 하고 또 간구에 대한 응답 여부와 관련해서 하나님의 뜻이 무엇인지를 알 수 있기에 간구는 하나님을 인식하는 방식으로 실천됩니다.

다른 어떤 예전보다 비교적 일상에서 실천이 잘 이루어지는 건 기도입니다. 인간은 어떤 형태로든 자신의 부족함을 알고 그것을 채우고 싶어 하기 때문입니다. 그런데 실제로 기도하는 자가 별로 없다는 말을 듣는 건 전혀 기도하지 않는다는 것이 아니라 잘못 구하기 때문이고 또 다른 존재에게 구하긴 해도 살아계신 참 하나님에게 구하지 않기 때문입니다. 하늘을 보고 독백을 하거나 자기 자신에게 다독거리거나 자기가 원하는 것을 말하기는 해도 진정으로 세상을 창조하시고 또 섭리 가운데 다스리시는 여호와 하나님을 인정하고 그분에게 구하는 일이 아닌 경우가 종종 있습니다. 일상의 기도가 진지해지고 또 참으로 하나님에게 구하는 것이 되려면 자기 욕망을 충족하기보다 먼저 하나님 자신과 그분의 나라와 그분의 의를 구하는 것이어야 합니다.

일상 예배에서 기도의 의미는 자기를 하나님처럼 생각하지 않는 것입니다. 하나님 앞에서 피조물에 불과함을 인정해야 합니다. 자기가 모든 것을 할 수 있는 것처럼 과시하지 않아야 하며, 하나님의 도움이 없이는 살 수 없는 존재임을 인정하는 것입니다. 서로 도우며 사는 존재로서 정체성을 망각해선 안 됩니다. 자기를 누구의 도움도 필요 없는 자로 생각하지 않아야 하고, 주의 이름으로 베푸는 도움을 자존심을 내세워 거부하는 일도 삼가야 합니다. 일상의 예배에서 기도자로 살아가는 성도는 언제든지 자기 부족함을 인정하고 각각 자기보다 남을 낮게 여기면서 상호의존 관계에서 열린 마음의 자세로 사는 것입니다.

한편, 일상에서 기도의 방법으로는 호흡기도 이외에 성경을 통한 기도, 신문을 통한 기도, TV 프로그램을 통한 기도, 영상물을 통한 기도가 있습니다. 성경을 통한 기도는 성경을 읽으면서 기도 제목이 되는 구절이나 단어를 만나면 잠시 멈추어 기도하는 것입니다. 길게 하지 않고 짧은 한마디라도 좋습니다. 예컨대 자기 소견에 옳은 대로 살았다는 사사기 구절을 만났다면, 더 나아가기를 잠시 멈추고 "하나님, 하나님의 말씀을 알지 못해 내 소견에 옳은 대로 사는 일이 없도록 말씀 읽기를 중단하지 않게 하소서!" 기도하는 것입니다.

신문을 통한 기도는 각 분야의 뉴스를 읽다가 기도의 필요성을 느끼는 소식을 접하면 그대로 멈추어 기도하는 것입니다. 입양아 학대로 사망에 이르게 한 사건 보도를 접할 때 "하나님, 이 세상의 입양아들과 그들을 입양한 부모들에게 함께 계시어 마음을 부드럽게 하시고, 사랑으로 양육할 수 있게 하소서!", 이렇게 기도하는 거죠.

마찬가지로 방송을 보거나 영상물을 볼 때도 감동되는 부분에서 잠시 기도할 수 있습니다. 굳이 눈을 감을 필요도 없고, 조용한 곳으로 옮길 필요가 없습니다. 마음에 와닿는 순간 하나님께 기도하면 됩니다. 만일 정말 진지하게 기도할 내용이라 판단된다면 장소를 옮겨 기도하면 될 것입니다.

기도할 때 유의해야 할 일은 중언부언하지 않는 겁니다. "기도합시다!"라는 말이 떨어지자마자, 주여, 아버지 하나님, 하나님 등을 남발하며 기도에 질서가 없는 경우를 흔히 봅니다. 기도할 때는 아버지 앞에서 하는 것처럼 하나님을 부르고, 그분 앞에서 말하듯이 하는 것이 중요합니다. 때로는 거친 감정을 쏟을 때가 있으나 그건 특별한 경우이고, 그렇지 않은 기도에서는 구할 것을 차분히 생각하여 정리하고 그 후에 하나님께 말하는 것이 중요합니다. 기도는 하나님께 말하는 신앙 행위이니까요.

2) 찬양

찬양은 하나님을 칭찬하며 참 하나님으로 인정하고 높이는 행위입니다. 하나님이 행하신 일과 그분의 은혜를 선포하는 일입니다. 피조물이 감히 창조주를 인정하고 칭찬하는 일이니, 하나님을 경외하는 자의 관점에서 볼 때 찬양은 그 자체가 은혜입니다. 하나님과의 관계에서 그의 위엄과 권능에 대해 가장 적극적이면서 자유로운 형식인 응답입니다. 다른 예전들은 대체로 정해진 틀 안에서 유동성을 갖지만, 찬양은 내용과 형식에 얽매이지 않습니다. 하나님과의 관계에서 말할 수 없는 순간을 경험할 때 혹은 하나님의 은혜를 경험한 성도들이 반응하기는 해야 하겠는데 어떻게 표현할지 모를 때, 찬양은 적합하게 반응하는 방법을 제공합니다. 찬양은 우리 자신에 매여 있는 상태에서 벗어나 하나님을 향해 나아가게 만듭니다. 찬양은 하나님을 말해야 할 때 혹은 그분의 은혜에 마땅히 반응해야 하는 상황에서 리듬에 따라 혹은 리듬 없이 언어와 몸으로 표현하는 일입니다. 따라서 인간의 신앙 행위 중 적극성과 창의성이 가장 많이 요구됩니다. 하나님을 찬양하는 자는 그동안 너무 익숙해져 있어서 관습적으로 보아왔던 세상을 전혀 다르게 인지합니다. 무엇보다 자기 자신 안에 갇혀 있다고 생각한다면, 일단 찬양해보십시오. 세상이 달리 보일 것이고 또한 나를 옥죄는 상황에서 자유로움을 느낄 것입니다.

찬양하면 대개 음악을 떠올리지만, 찬양에는 음악만 있는 것이 아닙니다. 시와 춤도 찬양의 한 방식입니다. 모든 예술 장르를 포괄해요. 선정적이거나 자극적이거나 악의적이거나 하나님의 영광을 의도적으로 침해하려는 것이 아니면 어떤 형태로 찬양하든 괜찮습니다. 다윗은 찬양할 때 아랫도리가 노출될 정도로 격렬하게 춤을 추었다고 했습니다. 하나님을 인정하고 고백하며 기리기 위해 행하는 모든 것을 포함합니다. 따라서 흔히 설교의 한 형태로 실행되는 스킷 드라마도 그것이 예배 안에 있고 또한 하나님을 인정하고 고백하며 높이는 내용이라면 찬양이라고 말할 수 있어요. 이에 비해 메시지 전달을 위한 목적이 더 크다면 설교로 볼 수 있습니다.

그런데 여러분, 예배 중에 찬양은 왜 있는 걸까요? 찬양이 없으면 예배가 아닌 걸까요? 예배는 성부 성자 성령 하나님이 친밀한 사귐 가운데 세상에 현존하시면서 잔치를 마련하시어 성도를 초대하고 그들로 당신의 친밀한 사귐에 참여하시게 할 때 일어나는 사건입니다. 교회 예배는 하나님의 앞에 있게 될 때 인간이 하나님의 은혜에 대한 마땅한 반응을 예전을 통해 재현하는 것이지요. 따라서 예배에서 찬양은 인간이 하나님을 인정하는 것과 하나님의 현존과 은혜에 기쁨과 감사함으로 반응해야 마땅하다는 사실을 깨우칩니다. 하나님이 예배받으시기에 합당함을 인정하고 선포합니다. 찬양은 인간이 하나님에게 반응하는 태도 가운데 가장 적극적인 신앙 행위입니다. 수많은 시편은 하나님을 찬양하는 데 있어서 모범적인 모습을 보여주고 있어 인간이 하나님을 어떻게 찬양해야 하는지를 알려줍니다. 예배 중 찬양은 교회 밖 삶에서 찬양하는 삶을 안내합니다.

앞서 언급했듯이, 특히 다윗은 하나님을 찬양할 때 사람의 눈치를 보지 않았어요. 하체가 드러날 정도로 격렬했던 적이 있었지요. 이 때문에 아내 미갈에게 핀잔을 들어야 했지만요, 하나님은 다윗이 아니라 오히려 미갈을 책망하셨습니다. 찬양은 나와 하나님과의 관계에서 일어나는 자연스러운 사건이어야지 사람의 눈치를 보며 할 일이 아니거든요. 물론 박해의 상황에서는 찬양이 침묵 가운데 일어날 수 있습니다.

겉으로 드러나든 그렇지 않든 찬양에서 관건은 진심으로 하나님을 인정하고 높이며 기리는 것입니다. 박해의 상황이 아니라면 혹은 슬픔에 압도해 있는 상황과 같은 특별한 이유가 있지 않으면 찬양은 겉으로 드러나야 마땅합니다. 사실 시편 기자들은 흔히 부정적 감정이라 여기는 분노와 슬픔 등의 감정을 거침 없이 토로했습니다. 남이 알 수 있도록 드러나야 하는 건 아니지만 하나님에게 나타내야 합니다.[3] 물론 과거 스위스 종교개혁가이면서 개혁주의 전통을 연 츠빙글리(Ulrich Zwingli)는 큰 소리로 찬양하며 기도하는 것에 부정적 평가를 했습니다. 그러나 그것이 다른 사람을 방해할 정도가 아니라면 소리를 내어 찬양하는 건 당연한 일입니다.

성도의 참여가 없이 무대 위에서 찬양대만이 하는 소위 콘서트식 찬양은, 비록 그것이 예배 가운데 행하는 것이라도, 찬양의 정신에 비추어볼 때 올바르다고 말할 수 없습니다. 찬양은 솜씨와 기량을 나타내는 연주가 아니며 또한 찬양은 내가 하는 것이지 다른 사람이 하는 것을 보거나 듣는 일이 아니기 때문이에요. 종교개혁과 더불어 시작한 전통임에도 최근의 찬양 콘서트는 찬양인도자 혹은 찬양대만의 찬양으로 진행되는데 이미 관행이 되어 쉽게 바꾸기는 어렵지만, 엄밀히 말해서 신학적으로 옳지 않습니다. 설령 그것이 예배가 아니라 단지 발표회 시간이라고 해도 마찬가지입니다. 반드시 지양해야 할 관행입니다. 찬양 집회든 찬양과 함께 예배하는 시간이든 찬양은 개인의 역량과 기량을 발휘하기 위함이 결코 아닙니다. 예

---

3) 다음을 참고: 댄 올렌더 & 트렘퍼 롱맨(Dan B. Allender/Tremper Longman), *The Cry of the Soul*, 안정임 옮김, 『감정, 영혼의 외침』(서울: IVP, 2011).

배의 자리에 현존하시는 하나님을 높이고 칭찬하며 하나님과 그의 말씀과 행위에 적극적으로 반응하는 일입니다. 따라서 예배하는 자 모두가 함께 찬양할 수 있도록 하는 것이 바람직합니다. 설령 예배 시간 중 찬양대에 의한 찬양이라 하더라도 성도는 함께 찬양하는 마음의 자세를 갖추어야 합니다. 찬양대의 찬양은 결코 발표하는 것이 아니라는 사실을 명심하면 좋겠습니다.

그런데 만일 찬양대를 구성하기 위해 인원을 동원함으로써 교회의 다른 기능들이 제대로 수행되지 않는다면 문제입니다. 이건 한국교회에서 흔히 볼 수 있는 현상인데요, 찬양대에 대한 지나친 가치평가가 빚은 참사입니다. 종교개혁 이후 회중 찬송이 보편화한 시기에 사실 찬양대가 따로 있어야 할 이유는 없습니다. 없는 것보다 있는 것이 좋긴 하나 찬양대 연습 때문에 교육과 봉사가 소홀히 여겨지는 일은 없어야 할 것입니다.

일상의 예배에서 찬양은 하나님을 인정하고 그분을 높이며 그분의 영광을 드러내는 말과 태도와 행위입니다. 빛과 소금으로 사는 것이고 이웃을 도우며 선한 행실을 실천하는 삶입니다. 기독교의 공적 역할을 충실히 감당하여 사람들이 하나님을 인정할 계기를 마련하는 삶입니다. 대체로 하나님의 말씀대로 사는 삶이고 또한 선한 삶으로 나타나 이웃에게 칭찬을 받는 삶입니다. 물론 박해의 상황에선 오히려 오해와 비난의 이유가 되기도 하지요. 중요한 건 먼저 그리스도인의 삶을 지켜보는 사람들이 하나님을 참 하나님으로 인정하고 또 하나님을 높이는 일이 일어나는 것입니다(남 유다를 멸망시키고 예루살렘 성전을 무너뜨렸던 바벨론 왕 느부갓네살이 다니엘로 인해 어떻게 하나님을 높이게 되었는지를 참고하십시오. 단 2-4장). 찬양이 결여한 삶은 설령 아무리 화려하게 보인다 해도 그리스도의 향기가 전혀 나타나지 않습니다.

일상에서 그리스도인이 대중가요를 불러도 되는지 궁금해하는 사람이 많은 것 같아요. 하나님을 찬양하기에도 부족한 마당에 인간의 감정을 소통하는 대중가요를 부르는 것을 못마땅하게 생각하는 사람들이 품는 의문이지요.

예컨대 한동안 유행했던 노래('사랑을 위하여')에 여성 성도들이 보여준 반응은 폭발적이었습니다.

"1. 이른 아침에 잠에서 깨어 너를 바라 볼 수 있다면 물안개 피는 강가에 서서 작은 미소로 너를 부르리 하루를 살아도 행복할 수 있다면 나는 그 길을 택하고 싶다.
세상이 우리를 힘들게 하여도 우리들은 변하지 않아
2. 내가 아플 때보다 네가 아파할 때가 내 가슴을 철들게 했고 너의 사랑 앞에 나는 옷을 벗었다. 거짓의 옷을 벗어버렸다.
(후렴) 너를 사랑하기에 저 하늘 끝에 마지막 남은 진실 하나로 오래 두어도 진정 변하지 않는 사랑으로 남게 해주오"

가수이자 작곡가는 불륜으로 이혼한 경력까지 있어서 노래의 진정성에 대한 논란이 일어나기도 했습니다. 그러함에도 불구하고 결혼 생활에 지치고 또 상한 맘을 안고 있는 많은 여성이 이 노래 가사로 위로를 받았다고 하네요. 웃자고 하는 말이겠지만요, 심지어 일부 여전도회 모임에서는 이것을 복음성가에 넣었으면 좋겠다는 제안도 나왔다고 합니다. 요즘엔 노사연의 노래 '바램'이 그리스도인 여성들 사이에서 자주 불리고 있다고 해요. 남성 성도들이 가사를 잘 새겨 묵상할 필요가 있어요.

물론 거꾸로 복음성가가 대중가요처럼 불리는 것들도 있습니다. 고린도전서 13장을 가사로 삼아 만든 '사랑의 찬가'와 '당신은 사랑받기 위해 태어난 사람' 등이 대표적이지요.

하나님은 세상을 창조하시고 당신의 뜻대로 다스리시지만, 사실 돌보신다고 보는 것이 더 나은 것 같습니다. 모든 영역에서 하나님은 당신의 뜻을 펼치시면서 피조물의 온전한 생명을 돌보십니다. 대중가요의 내용이 성경에 반하는 내용이 아니라면 일상에서 우리의 감정을 소통하기 위해 그것을 굳이 금지할 이유는 없다고 봅니다. 감정을 소통하기 위한 음악은 하나님의 구원이 필요한 사람의 마음을 이해하거나, 비유적으로 사람들을 향한 하나님의 마음을 이해하는 데에도 유용합니다. 찬양은 없고 오직 대중음악에만 빠져 사는 것은 문제이지만, 그렇지 않다면 그것을 금기시할 것까지는 없습니다.

3) 봉헌(헌신)

봉헌은 만물이 하나님의 것임을 인정하고 고백하는 예전입니다. 준비한 것을 가지고 와서 바침으로써 예배하는 자가 실제로 신앙고백을 실천에 옮기고 또 하나님을 신뢰하는 마음을 드러내는 신앙 행위입니다. 물질에 매이지 않음을 보이기 위한 신앙 행위라는 의미에서 그리고 물질이 하나님의 것임을 인정하고 실천하는 행위라는 의미에서 봉헌은 중요하게 평가되는 예전입니다. 제사 전통에 따르면 제물과 제물을 드리는 사람에 해당합니다(롬 12:1).4) 하나님이 기뻐하시는 헌금은 형편에 따라 정직하게 자발적으로 바치는 것인데요, 억지로 혹은 인색한 마음으로 드리지 않아야 합니다. 형편에 따라 드리는 봉헌의 액수는 중요하지 않습니다. 하나님은 오직 마음을 보시기 때문입니다. 봉헌은 마음과 신앙의 표현입니다. 믿음의 분량대로 드리되 각자 마음이 정한 대로 정성을 갖춰 형편에 따라 드리면 됩니다.

예전에 청년 교역자로 있을 때였습니다. 성경 공부 중에 '주일헌금의 적정액은 얼마인가?' 이 주제를 두고 토론이 열렸습니다. 여러 의견이 나왔는데, 그 가운데 다수의 동의를 얻은 제안이 있었습니다. '한 끼 외식비 정도는 돼야 하지 않겠는가?'였습니다. 사람마다 외식에 쓰는 비용이 달라 일정액을 정할 수 없지만, 개인에 따라 외식비에 해당하는 금액 정도면

---

4) **롬 12:1** "그러므로 형제들아 내가 하나님의 모든 자비하심으로 너희를 권하노니 너희 몸을 하나님이 기뻐하시는 거룩한 산 제물로 드리라 이는 너희가 드릴 영적 예배니라"

괜찮다는 의견이었습니다. 다수의 청년이 동의했는데, 그 후 헌금액이 늘었다는 보고를 받은 적이 있습니다. 헌금의 액수는 마음을 표현하지만, 그렇다고 액수를 놓고 마음을 판단하려고 해선 안 됩니다. 사람에 따라 형편과 처지가 다르기 때문입니다.

더는 성전에서 제사하지 않는 오늘날에는 봉헌을 통해 헌신을 표현합니다. 제물이 봉헌으로 대체되었고, 예수 그리스도가 세상의 구원을 위한 희생 제물로 여겨진다면, 봉헌은 예수 그리스도의 희생을 기념하는 의미를 포함한다고 볼 수 있습니다. 따라서 봉헌은 예수 그리스도의 고난과 죽음을 기억하고 감사하는 마음의 표현이에요. 특히 오늘날과 같이 물질만능주의가 팽배한 때에 그리고 개인과 가족을 위해 쓸 곳이 많이 있음에도 불구하고 봉헌을 위해 따로 떼어 준비하는 성도는 물질을 바침으로써 하나님의 구원 사역을 위해 희생하신 예수 그리스도의 헌신에 어느 정도 공감할 수 있습니다. 실제로 봉헌은 복음을 전하는 사역은 물론이고 복음의 결실을 위한 각종 교회 행위들(구제, 선교, 봉사, 교육 등)을 위해 사용됩니다. 하나님의 구원 사역이 지금 이곳에서 일어나길 바라는 마음으로 봉헌하면서 성도는 스스로 예수 그리스도의 희생을 공감할 뿐만 아니라 그의 희생을 주일마다 기념하고 또 증언합니다.

값진 것을 바침으로써 그에 따른 보상을 하나님이나 교회에서 기대하는 것은, 설령 다른 종교에서는 그렇게 하는 것이 일반적이라 해도, 기독교 예배에서는 반드시 지양해야 합니다.

복음을 심각하게 훼손하기 때문입니다. 복음은 은혜 곧 값없이 주신 것입니다. 그런데 안타깝게도 보상 심리는 현대 기독교 예배를 타락시키는 주범으로 작용하고 있습니다. 돈과 권력의 유착관계를 만들어낸 자본주의의 잘못된 관행이 교회에까지 침투해 들어왔습니다.

봉헌은 반대급부를 바라며 행하는 신앙 행위가 아닙니다. 다만 예수 그리스도의 희생을 기억하고 하나님의 공동체적인 사귐을 기쁨과 감사함으로 누리면서 만물이 하나님의 것임을 인정하며 이에 감사함으로 반응하는 신앙 행위일 뿐입니다.

봉헌 시간에 성도들로부터 거둔 바구니를 목회자가 헌금봉사자에게서 넘겨받아 다시금 제단에 바치는 행위는 지양해야 합니다. 하나님과 인간 사이에서 중재했던 제사장의 역할을 떠올리기 때문이고, 실제로 그렇게 하는 경우 목회자의 특별한 직임을 강조하려는 의도가 엿보입니다. 물론 본인은 전혀 다른 의도라고 말할 수 있지만, 오해의 소지가 있어요. 만일 그렇다면 예배행위를 다르게 고쳐야 합니다. 예배는 상징행위로 구성되기 때문에 오해의 소지가 있는 어떤 행위도 용납해서는 안 됩니다. 그러나 여러 바구니 가운데 대표적으로 하나를 선택해서 기도하기 위해 사용하는 건 괜찮습니다. 만일 봉헌 의식에서 바치는 의미의 행위가 필요하다고 생각한다면, 예배 인도자인 목회자가 넘겨받아서 바치는 것이 아니라 봉사자가 직접 바치도록 하는 것이 바람직할 것입니다. 이것이 만인 사제직 신앙에 부합하는 일입니다.

예물은 복음 사역을 위해 그리고 교회 목적을 위해 사용됩니다. 이와 관련해서 크게 두 가지 사역이 고려됩니다. 교회 내 사역과 교회 밖 사역입니다. 교회 내 사역을 위해선 교회 직원 인건비, 교회 관리 및 유지비, 교회 행위(예배, 교육, 봉사, 교제, 전도)에 필요한 목회비, 행정사무비 등으로 지출됩니다. 교회 밖 사역은 크게 선교 사역이라 볼 수 있어요. 교회 연합 사업, 어려운 형편의 교회와 외국 선교사 그리고 이웃과 지역 사회를 후원하는 데 사용됩니다.

봉헌은 복음 사역을 위해 그리고 교회 목적에 맞게 사용되어야 하기에 투명하게 관리되어야 합니다. 회계 보고는 정직해야 하며, 성도는 교회가 청지기 역할을 잘하고 있는지를 살펴야 합니다. 제직회에 적극적으로 참여해 정당한 회계 집행을 감독해야 합니다.

교회가 정하는 헌금의 종류는 주일헌금, 십일조, 감사헌금이 있고, 기타 목적헌금으로 장학헌금과 구제헌금과 선교헌금 그리고 건축헌금 등이 있습니다. 이밖에 하나님의 은혜의 행위를 감사하며 지키는 절기(성탄절, 부활절, 오순절, 맥추절, 추수감사절)에 드리는 절기 감사헌금이 있습니다. 교회마다 사정이 다르겠지만, 절기 감사헌금을 교회 예산에 포함하지 않고 전액 구제와 봉사 사역을 위해 사용하는 것이 바람직해요. 왜냐하면 교회 절기는 하나님이 행하신 행위와 은혜를 기억하며 감사하는 마음으로 지키는 일이기 때문이지요. 그것을 세상에 전하는 사명이 교회에 있는 만큼 할 수 있는 한 그런 목적을 위해 사용하면 좋겠습니다.

모든 헌금은 목적에 합당하게 사용되어야 하며, 특히 십일 조는 성경의 정신에 합당하게 사용되어야 합니다. 교회 건물 관리와 유지 및 인건비 그리고 교회 안팎으로 경제적인 어려 움을 겪는 성도와 이웃을 후원하는 일에 지출하는 것에 제한 해야 합니다. 십일조에 관한 본문으로 잘 알려진 건 말라기 3 장 8-10절5)과 신명기 14장 22-29절6)이 있습니다. 신명기 본 문에는 특별히 함께 먹고 마시며 즐기는 데 사용하라고 되어 있습니다. 교인이 함께 즐거움을 나누는 데 사용하라는 말이 지만, 그렇다고 무절제하게 사용하라는 건 아닙니다. 무절제는 성경의 정신과 항상 대립각을 세웁니다. 본문 안에서 읽을 수

---

5) "사람이 어찌 하나님의 것을 도둑질하겠느냐 그러나 너희는 나의 것을 도둑질하고도 말 하기를 우리가 어떻게 주의 것을 도둑질하였나이까 하는도다 이는 곧 십일조와 봉헌물 이라 너희 곧 온 나라가 나의 것을 도둑질하였으므로 너희가 저주를 받았느니라 만군의 여호와가 이르노라 너희의 온전한 십일조를 창고에 들여 나의 집에 양식이 있게 하고 그것으로 나를 시험하여 내가 하늘 문을 열고 너희에게 복을 쌓을 곳이 없도록 붓지 아 니하나 보라"

6) "너는 마땅히 매 년 토지 소산의 십일조를 드릴 것이며 네 하나님 여호와 앞 곧 여호와 께서 그의 이름을 두시려고 택하신 곳에서 네 곡식과 포도주와 기름의 십일조를 먹으며 또 네 소와 양의 처음 난 것을 먹고 네 하나님 여호와 경외하기를 항상 배울 것이니라 그러나 네 하나님 여호와께서 자기의 이름을 두시려고 택하신 곳이 네게서 너무 멀고 행로가 어려워서 네 하나님 여호와께서 그 풍부히 주신 것을 가지고 갈 수 없거든 그것 을 돈으로 바꾸어 그 돈을 싸 가지고 네 하나님 여호와께서 택하신 곳으로 가서 네 마 음에 원하는 모든 것을 그 돈으로 사되 소나 양이나 포도주나 독주 등 네 마음에 원하 는 모든 것을 구하고 거기 네 하나님 여호와 앞에서 너와 네 권속이 함께 먹고 즐거워 할 것이며 네 성읍에 거주하는 레위인은 너희 중에 분깃이나 기업이 없는 자이니 또한 저버리지 말지니라 매 삼 년 끝에 그 해 소산의 십분의 일을 다 내어 네 성읍에 저축하 여 너희 중에 분깃이나 기업이 없는 레위인과 네 성중에 거류하는 객과 및 고아와 과부 들이 와서 먹고 배부르게 하라 그리하면 네 하나님 여호와께서 네 손으로 하는 범사에 네게 복을 주시리라"

있지만요, 당시 땅을 받지 못했던 레위인과 성 중에 거하는 어려운 사람들과 함께 즐거움을 나누라는 말씀도 있습니다. 지나치게 금욕하는 건 절대 성경의 뜻이 아닙니다.

개인 목적을 위해 혹은 교회 사역과 무관한 일에 사용하지 않도록 해야 하지만, 교회 사역을 위해 예외적인 상황이라 판단되는 경우, 예컨대 교회를 건축하거나 헌금 수입이 줄어 긴급 지출이 발생하는 경우는 별도로 당회(운영위원회)나 제직회의 승인을 받아 집행하는 것이 바람직합니다. 필요하다고 해서 재정부 혹은 목회자가 단독으로 결정하여 다른 용도로 지출하는 경우는 없도록 해야 합니다.

봉헌은 물질에 매이지 않을 뿐 아니라 물질의 구속으로부터 자유함을 나눔과 돌봄으로 실천하는 신앙 행위입니다. 교회에 예물을 바침으로써 교회가 구제와 봉사를 위해 지출하도록 하지만, 교회를 떠난 성도 개인의 일상에서도 나눔과 돌봄은 계속되었는데요, 이건 이미 초대교회부터 예배로 인정된 신앙 행위였습니다.

4) 파송(축도)

축도를 이해하기 위해 먼저 설명할 것이 있습니다. 삼위 하나님은 서로를 파송한다는 사실입니다. 아버지는 아들에게 하늘과 땅의 모든 권세를 위임하신 후 세상으로 보내셨고(마 28:18)[7], 아들은 아버지께 구해 성령님을 보내셨습니다(요 14:16,

26, 15:26, 16:7).8) 아버지는 우리를 위해 비는 아들과 성령님의 기도를 들으시고 응답하십니다. 삼위 하나님은 상호 내주(內住 indwelling)하심으로 깊은 사귐 가운데 계시지만(내재적 삼위일체) 또한 우리를 위해 서로를 파송하심으로 세상을 향한 당신의 뜻을 이루십니다(경륜적 삼위일체). 축도는 바로 삼위일체 신앙에서 비롯하는 의식입니다.

축도는 복을 비는 행위를 표현하고 있지만, 단순히 복을 비는 행위만은 아닙니다. 축도는 성도를 부르시고 당신의 영광을 보이신 삼위일체 하나님이 예배를 마치고 부르심에 따라 파송되어 세상으로 나가는 성도들과 동행하시면서 그들을 지키고 보호하며 주의 뜻을 이루는 일에서 최선을 다할 수 있는 능력을 베푸시도록 복을 비는 목회적 행위입니다. 하나님이 특별한 의미를 두고 아론에게 위임하신 전례에 따라 신약에서도 실천되었던 전통입니다(민 6:24~26, 고후 13:13).9)

축복한다는 의미는 권한과 능력이 주어질 것을 기원하고 선언하는 것입니다. 그러니까 축도는 하나님의 영광을 경험하고

---

7) **마 28:18** "예수께서 나아와 말씀하여 이르시되 하늘과 땅의 모든 권세를 내게 주셨으니"

8) **요 14:16** "내가 아버지께 구하겠으니 그가 또 다른 보혜사를 너희에게 주사 영원토록 너희와 함께 있게 하리니", 26 "보혜사 곧 아버지께서 내 이름으로 보내실 성령 그가 너희에게 모든 것을 가르치고 내가 너희에게 말한 모든 것을 생각나게 하리라"; **요 15:26** "내가 아버지께로부터 너희에게 보낼 보혜사 곧 아버지께로부터 나오시는 진리의 성령님이 오실 때에 그가 나를 증언하실 것이요"; **요 16:7** "그러나 내가 너희에게 실상을 말하노니 내가 떠나가는 것이 너희에게 유익이라 내가 떠나가지 아니하면 보혜사가 너희에게로 오시지 아니할 것이요 가면 내가 그를 너희에게로 보내리니"

9) **민 6:24~26** "여호와는 네게 복을 주시고 너를 지키시기를 원하며 여호와는 그의 얼굴을 네게 비추사 은혜 베푸시기를 원하며 여호와는 그 얼굴을 네게로 향하여 드사 평강 주시기를 원하노라 할지니라"; **고후 13:13** "주 예수 그리스도의 은혜와 하나님의 사랑과 성령님의 교통하심이 너희 무리와 함께 있을지어다"

또 하나님을 예배하는 자로서 정체성을 확인한 성도를 세상으로 파송하면서 삼위 하나님이 동행하여 주실 것과 성령을 따라 살 능력을 기원하는 일입니다. 곧 세상에서도 예배자로서 하나님과의 사귐이 세상에서 이웃과의 사귐 가운데 구체적으로 나타나도록 복을 구하며, 또한 세상에서 하나님께 영광을 돌리면서 살 수 있도록 격려하고 복을 비는 것이 축도입니다.

성도의 삶은 단순한 일상이 아닙니다. 하나님의 부르심에 따라 파송되었다는 의식과 믿음을 갖고 사는 것입니다. 하나님의 동역자로 부름을 받은 삶이지요. 가정은 물론이고 각종 일터와 사회관계에서 파송된 자로서 의식과 삶이 요구됩니다. 구체적으로 말하면 하나님의 형상에 부합하는 삶, 하나님의 자녀에 합당한 삶입니다. 이런 의미에서 가정은 단지 쉼을 위한 곳만이 아니고, 일터는 돈을 벌기 위한 곳만이 아니며, 학교는 배우는 곳만이 아니고, 사회는 사람들과 관계를 유지하는 곳만이 아니고, 특히 나의 이익을 증진하고 내 주장을 관철하기 위해 존재하는 곳은 더욱 아닙니다. 그곳이 어디든 그리스도인이 가고 머무는 곳은 하나님이 오시어 거처하는 곳이며, 그리스도인의 삶을 통해 하나님의 영광이 드러나는 곳입니다. 그리스도인은 부르심이 있다면 어디든 가야 하고, 그리스도의 이름으로 가는 곳에는 삼위 하나님이 언제나 함께 계십니다. 이것을 나타내 보이는 예전이 축도입니다.

한편, 축도와 함께 세상으로 파송되는 성도는 세상에서 예배하는 자로서 하나님의 영광을 나타내며-때로는 성공하고 때로는 실패하는 삶을 살다가 다음 주일 예배로의 부름을 통해 다시금 하나님 앞으로 부르심을 받습니다. 이로써 창조와 타락과 구원과 회복이라는 하나님의 이야기가 일주일간의 삶의 리듬으로 반복합니다.

일요일(주일)부터 다음 일요일(주일)까지 삶의 리듬에서 보면 교회의 예배와 일상의 예배는 서로 분리되어 있지 않으며 오히려 긴밀한 협력 관계에서 이뤄집니다. 앞서 말했듯이 성도의 삶의 리듬은 주일에 맞춰져 있으며, 주일을 전후로 성도는 예배로 부름을 받고 또 세상으로 파송됩니다. 예전을 통한 예배에서는 하나님의 영광 안에서 하나님과 사귐을 나누고, 일상에서는 하나님의 영광을 위한 삶, 하나님께 영광을 돌리는 삶을 삽니다. 곧 파송 후에는 세상에서 하나님의 뜻이 자신에게 일어나도록 하고 또 자신을 통해 이루어지도록 순종하면서 그리스도의 형상으로 살다가 예수님의 십자가와 함께 세상에서 죽음을 경험하고는 예수 그리스도와 함께 부활하여 다시금 예배의 자리로 부름을 받습니다.

그러므로 예전을 통한 예배는 삼위 하나님의 친밀한 사귐 안으로 초대를 받아 하나님의 영광 안에서 안식을 누리는 기쁨의 잔치이며, 예수 그리스도와 함께 임하는 하나님 나라의 현실입니다. 일상의 예배는 삼위 하나님과 동행하면서 삶의 여러 환경에서 말씀대로 살도록 노력하면서 빛과 소금의 삶을 통해 하나님이 참 하나님이심을 나타내어 사람들로 하나님께 영광을 돌리도록 하는 일이지요.

4. 성례: 세례와 성찬

1) 세례(침례)에 대해

세례는 죄를 고백하고 예수 그리스도에 대한 신앙을 받아들인 성도에게 목사가 성부와 성자와 성령의 이름으로 머리에 물을 세 번 뿌리는 의식 행위를 가리킵니다. 세례는 성찬과 더불어 개신교에서 성례(거룩한 혹은 신비한 예식)로 여깁니다. 세례와 관련해서 제기되는 질문으로 다음의 것이 있어요. 곧 세례는 꼭 받아야 하는 걸까? 실제로 기독교에 속한 교파 중에 세례를 베풀지 않는 교단도 있습니다. 예컨대 구세군과 퀘이커 교도들은 세례를 베풀지도 또 받지도 않습니다. 그것이 구약 시대의 잔재라고 생각하기 때문이지요.

사실 세례의 유래와 의미 그리고 그 당위성에 대한 논란은 과거부터 지금까지 계속되고 있습니다. 그래서 처음부터 신학적으로 따지고 들면 이해가 복잡해집니다. 논쟁으로 시간을 보내다가 정작 세례의 실천을 등한시할 수 있습니다. 이를 피하기 위해 목회 현장에서는 일단 말씀에 근거해서 실행하고, 의문이 생길 때 신학적인 맥락에서 살펴보는 것이 좋습니다.

세례와 관련된 성경 구절이 여러 개 있는데, 마태복음 본문은 제자훈련과 관련해서 자주 인용됩니다. 예수님은 제자들에게 "아버지와 아들과 성령의 이름으로 세례를 베풀고"라고 말씀하셨습니다. 교회는 세례의 당위성을 주로 이 말씀에서 찾는데요, 제자가 되는 일과 세례를 받는 일은 깊은 연관이 있음을 시사합니다. 예수님 자신도 세례 요한에게 세례를 받으셨다는 사실은 하나님과의 관계에 있는 성도 혹은 하나님의 일을 맡아 행하는 성도에게 세례가 필요하다는 사실을 말합니다.

(1) 세례의 유래

세례는 어디서 유래한 것일까요? 세례와 관련해서 가장 많은 논란이 있는 것이 유래입니다. 특히 물과의 관련성에 비춰볼 때, 유대교의 정결 의식, 특히 쿰란 공동체에서 행해졌던 정결 의식에서 유래되었다고 보는 견해가 있고, 세례 요한이 광야에서 회개를 촉구하면서 베푼 일에서 유래되었다고 보는 견해도 있습니다. 유대교로 개종을 할 때 할례를 받고 물로 씻는 의식이 있었는데, 의식이 간소화되면서 세례로 바뀌었다고 보는 의견도 있습니다. 그러나 할례의 효력에 관해 누구보다도 많은 생각을 한 사도 바울의 글에 보면 할례와 세례를 비교해볼 만한 글을 발견할 수 없습니다. 어찌 되었든 죄 없으신 예수님도 받으시고 그것이 마땅한 일이라고 생각하신 사실에 비추어보면요, 물로 씻는 행위는 어느 정도 당시 많은 사람에게 공유된 전통이었을 것으로 추측할 수 있습니다. 유대인과 달리 그리스도인은 할례가 아니라 세례를 받음으로 언약 백성이 됩니다.

(2) 세례와 침례

또한 세례와 관련해서 흔히 제기되는 질문은 침례와의 관계입니다. '세례를 받는다'라는 말의 원어는 '잠기다'의 뜻이 있습니다. 그러므로 원래 '세례'는 물에 잠기는 경험을 반영합니다. 그러나 '디다케(Didache)'라는 초대 교회 문헌에 보면, 침례를 원칙으로 하되 물이 부족한 경우에는 세 번 물을 뿌리라고 되어 있습니다. 세례는 물로 세 번 뿌리거나 부었고 물에 잠기는 침례로도 행해졌습니다. 원래는 침례의 형태가 맞습니다. 그러나 그렇다고 해서 반드시 침례만을 행해야 하는 것은 아닙니다. 사정과 형편에 따라 머리에 물을 세 번 뿌리거나 머리에 부어도 되고, 침례를 거행해도 괜찮습니다.

(3) 세례의 의미

세례의 의미와 관련해서도 많은 논란이 있습니다. 먼저 하이델베르크 요리문답에 따르면, 세례란 죄 씻음의 약속입니다. 세례는 죄를 씻는 은혜의 행위로서 우리에겐 약속으로 여겨집니다(엡 5:26, 딛 3:5)[10]. 헌신을 위한 표시가 아니라 하나님이 당신의 백성에게 주시는 약속입니다. 죄는 오직 예수 그리스도의 피로써 깨끗이 됩니다. 세례는 이것에 대한 증거이죠. 구원을 보증하거나 헌신을 보이는 표가 아님을 명심해야 합니다. 또한 세례는 그리스도와 함께 죽고(골 2:12)[11], 그리스도와 함께 부활하며, 옛사람이 죽고 새로 태어나면서 성령을 통한 그

---

10) **엡 5:26**, "이는 곧 물로 씻어 말씀으로 깨끗하게 하사 거룩하게 하시고"; **딛 3:5** "우리를 구원하시되 우리가 행한 바 의로운 행위로 말미암지 아니하고 오직 그의 긍휼하심을 따라 중생의 씻음과 성령의 새롭게 하심으로 하셨나니"

11) **골 2:12** "너희가 세례로 그리스도와 함께 장사되고 또 죽은 자들 가운데서 그를 일으키신 하나님의 역사를 믿음으로 말미암아 그 안에서 함께 일으키심을 받았느니라"

리스도와의 연합을 상징합니다(롬 6:3-5, 고전 12:13)12). 육신의 욕심이 죽고 성령의 사람으로 다시 사는 것을 상징합니다. 베드로전서 3장 21절에 따르면("물은 예수 그리스도께서 부활하심으로 말미암아 이제 너희를 구원하는 표니 곧 세례라 이는 육체의 더러운 것을 제하여 버림이 아니요 하나님을 향한 선한 양심의 간구니라"), 세례는 하나님께 선한 양심을 구하는 행위입니다. 구원을 보증한다기보다는 죄 씻음에 대한 하나님의 약속이며, 또한 세례 후 예수 그리스도에 속한 사람으로 살기 위해 선한 양심을 구하는 행위입니다.

(4) 세례의 목적

그렇다면 세례는 왜, 무엇을 위해 베풀어져야 할까요? 세례라는 행위를 통해 하나님의 은혜가 전달되기 때문입니다. 이 은혜가 전달되는 것은 집례자의 능력과 무관합니다. 또한 세례를 받는 사람과도 무관합니다. 하나님이 일방적으로 베푸시는 은혜가 전달되는 행위입니다. 세례를 받는 자는 다만 주어진 은혜를 거부하지 않고 받아들이기만 하면 되는데요, 회개한 사람에게 그리고 신앙고백을 통해 확인되는 사람에게 세례를 베푸는 까닭은 은혜가 은혜로서 가치가 있게 하기 위함이지 헌신의 의지를 확인하는 의미가 아닙니다.

---

12) 롬 6:3-5 "무릇 그리스도 예수와 합하여 세례를 받은 우리는 그의 죽으심과 합하여 세례를 받은 줄 알지 못하느냐 그러므로 우리가 그의 죽으심과 합하여 세례를 받음으로 그와 함께 장사되었나니 이는 아버지의 영광으로 말미암아 그리스도를 죽은 자 가운데서 살리심과 같이 우리로 또한 새 생명 가운데서 행하게 하려 함이라 만일 우리가 그의 죽으심과 같은 모양으로 연합한 자가 되었으면 또한 그의 부활과 같은 모양으로 연합한 자도 되리라"; 고전 12:13 "우리가 유대인이나 헬라인이나 종이나 자유인이나 다 한 성령으로 세례를 받아 한 몸이 되었고 또 다 한 성령을 마시게 하셨느니라"

(5) 유아세례

세례와 관련해서 일어나는 가장 큰 논쟁거리는 유아세례입니다. 유아세례는 부모의 신앙고백에 따라 베푸는 세례이기 때문입니다. 유아세례를 말하는 가장 중요한 본문은 행 16:33("그 밤 그 시각에 간수가 그들을 데려다가 그 맞은 자리를 씻어 주고 자기와 그 온 가족이 다 세례를 받은 후")입니다. 이것은 유아에게도 세례를 베풀었다는 단서를 제공하지만, 그렇다고 해서 확실한 것은 아닙니다. 당시에 사람의 숫자에는 오직 성인 남성만이 고려의 대상이었기 때문입니다. 그런데 세례의 의미와 관련해서 신앙고백의 중요성이 강조되면서 신앙고백을 기대할 수 없는 어린아이에게 세례를 베푸는 것을 의심하는 일들이 일어났습니다. 과연 부모가 아이의 신앙을 대신 할 수 있는가 하는 것이죠. 부모는 단지 양육자로서 책임을 질 수 있을 뿐이지, 아이의 신앙고백을 대신할 수는 없다는 생각입니다. 그래서 유아세례의 무용론을 주장합니다. 특히 물세례를 하나님의 은혜의 행위에 대한 인간의 반응으로 본 신학자 칼 바르트(Karl Barth)는 인격적인 반응을 할 수 없는 아이들에게 물세례를 베푸는 것이 무의미하다 보았습니다. 세례의 고백적이고 인격적인 본질에 천착하여 어려서 세례를 받은 사람의 경우 성인이 되어서 자신의 신앙고백을 바탕으로 다시 세례를 받아야 한다고 주장한 사람들이 재세례파(anabaptist)입니다.

재세례파 운동은 취리히의 젊은 지식인 집단 가운데에서 처음 생겨났는데, 스위스의 종교개혁가 울리히 츠빙글리(Ulrich

Zwingli)의 견해를 따랐습니다. 그들은 어린아이들이 선악에 대한 자각이 생기기 전까지는 죄로 인한 형벌을 받지 않으며, 그런 자각이 생기고 난 후에야 비로소 자유의지를 바탕으로 회개하고 세례를 받아들일 수 있다는 견해를 고수했습니다. 사회개혁과 관련해서 급진적인 태도를 보였습니다. 중세 교회의 개혁을 목표로 삼지 않았으며, 초대 교회의 제도와 정신을 복원하고자 하는 결연한 의지를 갖고 있었습니다.

이처럼 유아세례에 대해 신학적으로 확실하지 않지만, 그러함에도 불구하고 유아세례를 베푸는 까닭은 교회의 전통이기 때문이고 또한 무엇보다 세례가 하나님의 은혜의 행위를 강조하는 의미라고 생각하는 것이 좋을 것입니다. 자기 의지에 따라 죄를 고백하지 못하는 아이라도 하나님의 사랑에 따라 주시는 은혜로 죄 씻음의 약속을 받을 수는 있기 때문입니다. 뿐만 아니라 세례는 하나님의 언약 백성을 확인하는 의식입니다. 언약 백성이 되는 것이 하나님의 은혜로 되는 것임을 부정하지 않는다면, 유아세례를 부정할 이유는 없습니다.

(6) 물세례와 성령세례

세례와 관련해서 또 다른 뜨거운 감자는 물세례와 성령세례의 관계입니다. 마가복음 1장 8절에서 세례 요한은 이렇게 말했습니다. "나는 너희에게 물로 세례를 베풀었거니와 그는 너희에게 성령으로 세례를 베푸시리라". 여기서 물세례와 성령세례가 구분되어 나오고 또한 주체도 달라지고 있습니다. 이로 미루어 볼 때, 물세례와 성령세례의 의미가 다를 것이라고 짐작하는 것은 무리가 아닙니다. 양자는 어떻게 다른가요?

먼저 세례 요한이 베푼 물세례는 회개의 세례입니다. 단지 상징이 아니라 회개와 회개하는 자에게 주시는 하나님의 구원에 대한 약속을 받는 것을 동반하는 행위입니다. 다른 한편으로 초대 공동체에서 물세례는 '예수 그리스도의 피로 죄 씻음을 받는다'라는 것을 증언합니다. 또한 '그리스도와 함께 죽고, 또한 그리스도와 함께 부활하여 새 생명을 얻는다'라는 것을 증언합니다. 세례를 통해 새 생명을 얻습니다. 그리고 끝으로 '하나님께 선한 양심을 구하는 행위'입니다.

이에 비해 성령세례는 세례 요한에 따르면, 예수 그리스도가 베푸실 세례입니다. 예수를 그리스도로 또한 구세주로 고백하고 새 생명으로서 이 땅에서 살아가는 사람들을 가리켜서 성령세례를 받았다고 말합니다. 예수 그리스도와의 관계가 확실히 정립된 사람, 곧 중생한 사람을 가리켜 성령세례를 받았다고 말합니다. 예수 그리스도의 사람, 그를 따르는 사람은 성령세례를 받은 것입니다. 이것은 눈에 보이지는 않지만, 하나님의 앞서 행하시는 주권적인 행위로 일어난 결과입니다. 예수 그리스도를 믿음으로 하나님의 뜻대로 살아갈 수 있는 능력이 위임되는 사건입니다.

2) 성찬

"내가 너희에게 전한 것은 주께 받은 것이니 곧 주 예수께서 잡히시던 밤에 떡을 가지사 축사하시고 떼어 이르시되 이것은 너희를 위하는 내 몸이니 이것을 행하여 나를 기념하라 하시고 식후에 또한 그와 같이 잔을 가지시고 이르시되 이 잔은 내 피로 세운 새 언약이니 이것을 행하여 마실 때마다 나를 기념하라 하셨으니 너희가 이 떡을 먹으며 이 잔을 마실 때마다 주의 죽으심을 그가 오실 때까지 전하는 것이니라"(고전11:23-26)

성찬은 예수님이 잡히시던 밤에 제자들과 함께 가지셨던 마지막 만찬을 기념하면서 거행하는 예전입니다. 누가복음의 기록에 따르면 유월절 식사에 해당하고 요한복음의 기록에 따르면 딱히 유월절 식사라 볼 수 없습니다. 어찌 되었든 오늘날엔 "성만찬" "주의 만찬" "감사례", "성례" 등의 이름으로 불립니다. 이미 초대교회에서부터 거룩하게 지켜져 온 교회의 예전입니다. 성찬 없는 예배가 없었고, 초기에는 3년 정도의 세례 입문 과정을 거친 후 세례를 받은 사람만이 참석이 허락된 예식이었습니다. 교회가 국가의 보호를 받으면서부터 그 기간이 짧아졌습니다. 썩 바람직하지 않은 결과입니다.. 초대교회에서는 삶의 변화가 먼저이고 그 후에 신앙고백을 요구했는데, 교회가 커지고 예전이 간소화하면서 진정성 있는 신앙고백 곧 삶의 변화에 대한 증거가 없는 사람도 세례를 받을 수 있게 되었기 때문입니다.

시대의 흐름을 거역할 수는 없으나 소정의 교육을 마친 사람에게만 세례를 주는 일은 교회를 바로 세우는 데 크게 공헌할 것입니다.

성찬 관련 성경 본문을 통해 얻을 수 있는 성찬의 의미는 크게 네 가지입니다. 복음서와 고린도전서 11장 본문을 통해 다음의 네 가지를 확인해볼 수 있습니다.

(1) 예수님의 고난과 죽음을 기억하기

(2) 하나님과 성도 그리고 성도와 성도의 연합

(3) 하나님 나라에 대한 소망

(4) 언약

성찬은 성도가 예배하러 모일 때마다 예수 그리스도의 죽음을 기억하고 또 전하기 위해 행하는 것입니다. 성찬이 제도로 정착하기 전 초대교회는 모일 때마다 함께 식사를 나누면서 성찬식을 거행했습니다. 소위 애찬식(저녁식사)을 겸한 성찬식을 실천했습니다. 성찬식의 남용을 막기 위해 교회 예배의 예전으로 정착되었다면, 적어도 남용하지 않는 한 지나치게 의식을 치른다는 느낌으로 행하기보다는 실제 만찬과 연계하는 것이 바람직해 보입니다. 고난주간이 아닌 다른 날의 성찬은 기쁨과 감사와 소망이 가득한 성찬식을 권합니다.

(1) "이것을 행하라!"

성찬의 기본 정신은 예수님의 말씀 "이것을 행하라!"에 순종하는 데 있습니다. '이것'은 예수님이 잡히시기 전날 제자들과 함께 가지신 마지막 식사를 가리킵니다. 헬라어 본문에는

'행하라'가 주동사이고, '기념하라'라는 말은 목적을 표현합니다. 예수님을 기억하기 위해 행하라는 뜻입니다. 우리에게 큰 의미가 있다고 생각해서 행하는 것이 아닙니다. 예수님을 기억하기 위해 행하라고 말씀하셨기에 순종하는 의미에서 행하는 것입니다. 우리에게 주어지는 은혜는 순종 후에 기대할 수 있을 뿐입니다.

그런데 하나님의 말씀이 명령형으로 되어 있는 이유를 살펴볼 필요가 있어요. 이는 무엇보다 하나님은 다스리는 분이기 때문입니다. 하나님의 창조는 하늘과 땅 그리고 그 안에 있는 모든 것을 지으신 분이 하나님이라는 것을 의미합니다. 창조 신앙에서 핵심은 하나님이 말씀하시면 그대로 되고, 하나님의 말씀대로 된 세상이 하나님 보시기에 좋고 아름답다는 것입니다.

세상에 아름다운 것이 참 많습니다만, 하나님에게 가장 좋고 또 아름다운 건 세상이 당신의 뜻대로 되는 것입니다. 창조 신앙을 가진 사람은 바로 이런 관점에서 세상을 보아야 합니다. 하나님의 뜻대로 된 것이 아름답다고 고백할 수 있어야 합니다. 이것을 일컬어 하나님의 관점에서 세상을 본다고 말합니다. 그러므로 비록 십자가는 가장 참혹하고 치욕적인 상징이고, 지혜 있다고 생각하는 사람들에겐 어리석고 미련한 것이지만, 그리스도인의 관점에서는 가장 아름다운 것입니다. 왜냐하면 그것이 세상의 죄를 용서해주시기 위한 하나님의 뜻에 따라 된 일이기 때문입니다. 그러므로 행하라는 말씀에 따라 예수 그리스도를 기억하기 위해 성찬을 행하는 것이 옳습니다.

하나님이 명령하시는 둘째 이유는 자연 상태의 인간은 그것을 지키지 않기 때문입니다. 인간은 자기 욕심에 따라 살려고 하기에 하나님을 대적하는 자들의 유혹에 쉽게 넘어집니다. 그러므로 하나님은 명령으로 말씀하셔서 다시 한번 인간이 자기 자신의 욕심을 돌아보도록 하십니다. 그리고 명령하심으로써 하나님을 대적하는 자들이 하나님의 뜻에 반하는 모습으로 다가올 것을 알려주십니다.

"이것을 행하라"라고 말씀하셨다면, 이는 한편으로는 자연 상태의 인간은 전혀 행하지 않는 일이라는 것이고, 다른 한편으로는 행하지 않아도 되는 각종 이유를 가지고 믿는 자들을 유혹하는 자들이 있다는 뜻입니다. 달리 말한다면, 인간은 자연 상태에서는 예수님과 그의 사역을 기억하지 않으려 하기에 성찬을 거행하지 않을 것이라는 말입니다. 물론 그럴만한 각종 이유가 있지요.

왜 그럴까요? 자연 상태의 인간은 왜 예수님의 몸을 먹지 않고 또 우리를 위해 흘리시는 예수님의 피를 마시지 않을까요? 왜 그분을 기억하지 않으려 할까요?

예수 그리스도를 통해서 이루신 하나님의 역사를 믿지 않고 예수 그리스도를 구주로 믿지 않기 때문입니다. 구속의 역사를 받아들이지 않기 때문이에요.

믿음이 없는 사람은 무엇을 먹거나 마셔도 자기 배를 채우기 위해 먹고 마실 뿐입니다. 사람들이 예수님을 따라다니는 이유와 관련해서 예수님은 그들이 먹을 것을 얻었기 때문이라고 말씀하셨습니다. 그 이외에 다른 목적이 없습니다. 그래서 사탄은 먹을 것으로 유혹하는 것입니다.

오직 구속의 역사를 믿는 사람만이 예수님을 기억하고 예수께서 주시는 떡을 먹고 또 포도주를 마시면서 예수 그리스도 안에서 서로 하나가 되고 또 죄를 용서받는다는 사실을 현실로 받아들입니다. 믿음이 없이는 우리가 예수 그리스도 안에서 성령님을 통해 하나가 되는 은혜와 죄용서의 은혜가 나타나지 않습니다. 믿음이 없이 먹고 마시는 행위는 단순한 식사행위에 불과합니다.

우리를 유혹하는 자는 예수님을 기억하지 못하도록 방해합니다. 그래서 먹고 마시는 일이 의미가 없다고 말하거나 혹은 그 의미를 평가절하합니다. 그건 구속의 역사와 무관하고 단지 먹고 마시는 일일 뿐임을 강조합니다. 우리가 하나가 되거나 죄용서의 신비는 일어나지 않는다고 말합니다.

혹은 경우에 따라선 성찬에 너무 큰 의미를 두는 바람에 자주 거행하는 것을 꺼려합니다. 혹은 성도가 너무 많아 주일예배 시간에 성찬 예식을 지켜 행할 수 없는 때가 있습니다. 이것을 행하라 하셨음에도 성도가 많아 행할 수 없는 상태라면 교인 수를 제한해야 합니다. 행할 수 있도록 교회 규모를 조정해야지 성도가 많아졌기에 행할 수 없다고 말한다면, 이건 핑계에 불과합니다. 주객이 전도된 상황입니다.

(2) 기념

'기념(anamnesis)하라'에서 '기념'의 헬라어적 용법은 단순한 '기억'의 의미를 넘어섭니다. '기념한다'라는 말은 기념될 사건이 오늘 다시금 새롭게 경험될 수 있도록 행하는 반복적인 의식 행위를 뜻합니다.

(3) 경험맹

한편, 성찬에 대한 은혜의 경험은 성찬의 신학적 의미를 학습할 때 비로소 얻을 수 있습니다. 그렇지 않으면 "경험맹"(무엇을 감각적으로 접하고서도 그것이 무엇인지를 인지하지 못하는 상태를 말함) 상태가 됩니다.

오늘날 교회의 가장 큰 문제 가운데 하나가 기독교 용어와 예배 의식에 관한 지식이 부족해 '경험맹' 성도가 많은 것입니다. 성찬 자체의 성경적/신학적 의미와 성찬에 사용되는 빵과 포도주의 의미, 그리고 의식으로서 성찬에 참여하는 행위의 의미 등을 학습할 필요가 있습니다. 왜냐하면 경험은 이론적 배경을 갖기 때문입니다. 따라서 성찬에 관한 역사적, 성경적, 신학적 이론을 숙지할 때 성찬의 의미를 더욱 깊이 내면화할 수 있고 또 성찬 참여를 통한 경험이 가능합니다.

일전에 모 신학대학교 신대원 학생들(목사후보생)과 담임목사가 대부분인 대학원 박사과정에 참여한 학생들에게서 성찬 경

험을 한 번도 가져본 적이 없고 또 '성찬 경험'에 관해 들어
본 적도 없다는 말을 듣고 충격을 받았습니다. 이건 성찬의
의미를 잘 몰랐기 때문에 나타난 결과입니다.

(4) 올바른 성찬, 그릇된 성찬

성찬은 크게 네 개의 행위로 구성됩니다. 떡과 잔을 취함,
창조의 선물에 대해 하나님께 감사를 드림, 떡을 뗌/잔을 채
움, 떡과 잔을 나눠줌.

이것의 의미를 살펴보면, 떡은 너희를 위한 내 몸이라 했고,
잔은 내 피로 세운 새 언약이고, 먹고 마시는 행위는 주의 죽
으심을 전하는 것이라 했습니다. 다 상징행위입니다. 상징이면
서 실제로 일어나는 신비의 사건입니다.

성찬은 죽은 이에 대한 추모의 자리가 결코 아니며 회한의
자리는 더더욱 아닙니다. 오히려 부활하셔서 새 창조를 완성
해 가시는 그리스도가 친히 그의 신부인 교회와 함께 여는 잔
치입니다. 그곳에선 당연히 감격과 기쁨의 정서가 기대됩니다.

성찬은 하나의 잔치이고, 성찬의 자리에서 우리는 부활의
주와 함께 의로운 왕국에 대한 희망을 실현합니다. 그곳은 그
리스도의 희생적 사랑으로 말미암아 인간과 인간, 하나님과
인간 사이의 장벽이 허물어진 왕국입니다. 이러한 잔치에 모
든 사람은 하나님으로부터 동등한 조건으로 초대됩니다.

그리스도의 잔치이므로 누구도 자랑하거나 지배하려 하거
나 자기 기준으로 남을 배제하려 할 수 없습니다. 주님은 죄

인(가룟 유다)까지도 성찬에 참여하길 용납하셨지요(물론 그는 성찬 후 스스로 공동체를 떠났지만요). 그리스도가 성찬의 주인이며 그분이 초대 명단을 작성하시는 분입니다. 예수님의 초대자 명단에 누가 포함하고 누가 배제될까요?

성찬을 행하는 건 네 가지 의미가 있습니다.

첫째, 이 세상에서 하나님 나라 식사에 초대되어 하나님의 은혜와 기쁨을 누리며,

둘째, 그로 말미암아 양육되고, 변화되고, 공동체적 신앙을 갖고,

셋째, 이곳에서 하나님 나라의 도래를 기대하며 하나님의 임재 가운데 사는 삶을 실천하고,

그리고 넷째, 궁극적으로 예수의 죽음(복음)을 전하는 것입니다.

주의 이름으로 먹고 마시는 것은 형태나 양보다도 그 성경적 및 신학적 의미가 더 중요합니다. 성찬은 "원수의 목전에서 베풀어진 상"(시 23편)일 수 있어요. 그러나 더욱 크게 보면 불의에 대한 하나님의 최종적 승리를 경축하는 일입니다. 곧 구원의 잔치입니다(참고: 계 19장).

성찬은 신학적인 의미 외에도 믿고 참여하는 자에게 온전한 사고를 열어주고 또 실천 방법을 계시합니다. 곧 심령주의(spiritualism)와 물질주의(materialism)를 극복하여 균형 있는 신앙

을 갖도록 합니다. 달리 말해서 물질(육체, 떡과 포도주)을 매개로 실행하는 성찬의 의미를 이해함으로써 우리는 물질을 이해하는 방식(정신, 감사와 나눔)과 물질에 대한 하나님의 이해방식(영, 물질의 변화를 가져오는 새 창조와 은혜)을 배울 수 있습니다.

그러니까요, 창조 후 물질은 인간의 타락으로 고통을 당하며 신음하고 있으나 하나님은 나눔과 자기를 나타내는 도구로 삼으십니다. 물질은 하나님의 선함과 사랑을 드러내는 도구입니다.

하나님은 먹을 것(떡과 포도주)을 선물로 주시어 감사하게 하며 또 그것을 이웃과 나눔으로써 함께 먹을 기회를 주십니다. 이에 반해 물질에 우선적인 가치를 두는 인간의 태도는 물질 소유를 독점하게 함으로써 이웃을 착취와 경쟁의 대상으로 삼게 합니다.

그리고 성찬의 의미의 내면화로 하나님의 은혜를 깨닫게 하고, 의미를 실천하여 하나님의 선함과 사랑을 소통하게 합니다. 예수 그리스도를 통해 계시한 은혜를 원하는 사람은 누구나 참여할 수 있게 함으로써 하나님은 특정인(권력자, 부유한 자, 지식인, 남성 등)의 전유물이 아니며 공유해야 할 존재임을 알게 합니다. 이에 반해 맘몬 사상 곧 물신 사상은 세상을 하나님과 동일시하게 만들며, 동시에 적대적 관계로 보게 합니다.

(5) 성만찬에 대한 다양한 이름(교파별)과 이해의 차이

성경	가톨릭	정교회	개신교	교회일치운동
유월절 식사(눅) 제자들과의 마지막 만찬(요)	미사, 유카리스티 (감사례)	Synaxis(일치, 공동체 모임), 예식, 감사례	성만찬, 주의 만찬, 저녁만 찬, 감사례	성례, 감사례

(참고: 개신교 계통의 구세군과 퀘이커 교도는 성례를 거행하지 않습니다. 그렇다고 성례의 의미를 부인하진 않아요. 다만 그것이 신앙에서 본질이 아니라고 생각할 뿐입니다)

로마 가톨릭/동방 정교회: 화체설(실체의 변화, transubstantiation)

사제의 축성과 함께 떡은 예수의 몸으로, 포도주는 예수의 피로 변한다.

루터파(루터): 공재설(consubstantiation)

성찬의 떡과 포도주에 예수님이 육체적으로 임재하시기에 떡과 잔을 먹고 마실 때 동시에 예수님의 몸과 피를 마신다.

개혁파(츠빙글리): 상징설/기념설(memoralism)

성찬의 떡과 포도주는 오직 예수 그리스도의 죽음을 기념하기 위해 사용되는 것으로 상징에 불과하다.

개혁파(칼뱅): 성령임재설(spiritual presence, 영적 임재설)

성찬에 참여하는 성도는 성령님의 임재를 통해 영적으로 들어 올려져 예수의 몸과 피에 참여하며, 실제적인 효과(communion)가 일어난다.

[내용 이해를 위한 질문]

1. 예배에서 기도와 찬양은 왜 하는가? 우리는 무슨 근거로 기도하는가? (감사, 찬양, 도고, 간구)

2. 봉헌의 의미는 무엇이고, 예배에서 봉헌은 왜 하는가?

3. 축도는 무엇이고, 예배에서 왜 축도를 하는가?

4. 성례(세례/침례와 성찬)에 대해 정리해보자.

[나의 온전한 예배를 위해 적용할 점]

1. 나의 정기적인 기도 시간은?

2. 잘못된 기도에 대해 생각해보자.

3. 일상에서 기도를 실천하는 여러 방식에 관해 알아보자. (예: 성경을 통한 기도, 신문을 통한 기도, 드라마를 통한 기도 등등)

5

온전한 예배

예배로의 부름

피송 초대

교회

일상

축도

5. 예배를 위해 성도는 무엇을 준비해야 하나?

1) 삼위 하나님과의 친밀한 사귐을 위한 조건

교회 예배는 삼위 하나님이 피조물과의 친밀한 사귐을 위해 마련하신 잔치입니다. 삼위 하나님이 당신의 영광과 친밀한 사귐으로 성도를 초대하심으로써 예배는 발생합니다. 천국의 잔치가 지상의 교회에서 이뤄지는 것이니 참으로 은혜와 영광이 충만한 자리입니다. 비록 성도가 없어도 다른 피조물과 천사들의 예배가 있겠으나, 하나님은 믿음에 따라 부름을 받은 성도의 예배를 기뻐하십니다. 왜냐하면 이것이 인간을 지으신 하나님의 뜻이기 때문입니다. 만일 타락 후 인간이 자연적인 상태에서 예배한다면 그건 대개 우상숭배로 전락합니다. 성경의 역사에서 확인할 수 있는 일이죠. 마음이 부패한 인간이 하나님의 다스림과 성령님의 인도하심을 더는 원치 않기 때문인데요, 이로 인해 육체와 육체의 조건에 매일 수밖에 없는 인간의 의지는 언제나 세상을 향해 발현되고 욕망에 이끌립니다.

구원은 궁극적으로 예배를 목적으로 합니다(출3:18).[1] 구원이 중요한 사안이나 더 중요한 건 구원 받은 자로서 삶 곧 온전

---

1) **출 3:18** "...히브리 사람의 하나님 여호와께서 우리에게 임하셨은즉 우리가 우리 하나님 여호와께 제사를 드리려 하오니 ..."

한 예배입니다. 아시아 일곱 교회가 복음 위에 바르게 서 있길 요구하시면서 하나님이 기대하신 건 그들이 하나님을 온전히 예배하는 일이었습니다. 그래서 사도 요한을 초대하여 천상의 예배를 보여주신 것이지 싶습니다. 그리고 오늘 우리에게도 같은 것을 요구하십니다. 성도는 성령님을 통해 그리스도와 연합한 상태에서 하나님의 초대에 전 인격적으로 응답하여 믿음과 기쁨과 감사함으로 참여합니다. 일상에서 삶을 통해 하나님을 예배하고 예배로의 부름을 받아 교회 예배에 참여한 성도는 잔치에 합당한 예(믿음과 경건)를 갖춘 후 하나님 앞에 서고 또 그의 영광을 보는 것으로 즐거워하면 그것으로 충분합니다. 무엇을 행하길 결단하는 것보다 하나님의 영광을 경험하는 것이 우선입니다. 교회의 예배를 위해 믿음과 성결을 통해 하나님에 전인격적으로 반응하는 일 말고는 성도가 특별히 준비할 것은 사실 없다고 볼 수 있습니다. 물론 일상에서 예배하는 자로서의 삶을 전제하는 말입니다. 그러나 여기에 더해 예배 자체가 보이지 않는 하나님의 현존을 믿는 가운데 일어나기에 성도는 하나님의 현존과 하나님을 찾는 자들에게 상을 주시는 분임을 믿어야 합니다(히 11:6[2]). 이런 믿음은 하나님을 계시하신 예수 그리스도를 믿고 영과 진리로 하나님을 예배할 때 현실이 됩니다.

하나님을 참으로 예배하기 위해서는 성령 안에서 예수 그리

---

2) **히 11:6** "믿음이 없이는 하나님을 기쁘시게 하지 못하나니 하나님께 나아가는 자는 반드시 그가 계신 것과 또한 그가 자기를 찾는 자들에게 상 주시는 이심을 믿어야 할지니라"

스도와 그를 통해 계시한 하나님에 대한 참믿음만으로 충분합니다. 그러함에도 불구하고 예배 자체에서 일어나는 역동적인 사건, 곧 하나님의 말씀과 행위에 응답하면서 하나님의 새로운 창조를 위해 필요한 것은 다음의 몇 가지입니다.

2) 이웃과 친밀한 사귐을 통한 준비(삶의 이야기)

기독교 예배와 관련해서 오늘날 교회가 잃어버린 것은 예수 그리스도를 중심으로 이루어진 하나님의 역사에 따라 반복되는 한 주간의 리듬입니다. 과거에는 하나님의 구원 이야기가 일주일의 삶에 녹아있어 주일(일요일, 창조의 첫째 날에 따라 '빛의 날'로 불림)로부터 시작하는 하루에서 또 다른 주일(바나바의 편지에는 '여덟 번째 날'로 표기되었는데, 새 창조, 새로운 시작, 빛의 날을 상징한다)을 맞이할 때까지 성령 안에서 예수 그리스도와 연합한 성도의 삶에 대한 성찰이 있었고 또한 예수 그리스도를 통해 계시한 하나님의 구원에 대한 기억과 재림에 대한 기대가 있었습니다.

먼저 교회 예배로 부름을 받은 성도는 성찬으로 예수 그리스도의 죽음을 기념하고, 그의 부활과 승천을 경축하며, 그리고 마지막 날에 주께서 재림하실 것을 소망하면서 예배 후에 다시금 세상으로 파송됩니다.

파송 후 첫 번째 날인 월요일부터 성도는 삼위일체 하나님이 함께 계신다는 믿음으로 복음을 갖고 세상으로 나가서 이웃과 더불어 살면서 하나님의 이야기가 자기 삶에서 현실이 되도록 살아갑니다. 성도는 예배 안에서 경험한 하나님의 은혜에 힘입어 파송과 함께 주신 복의 능력으로 살아갑니다. 그렇다고 해서 항상 성공하는 삶을 사는 건 아닙니다. 이웃과 더불어 살면서 혹은 직장이나 가정생활에서 신앙의 결단을 흔드는 유혹에 직면할 때마다 갈등을 겪고, 예수님의 정신에 따른 삶을 부정하는 상황에 직면하여 깊은 회의에 빠지고, 또 복음을 전하는 일에서 반대에 부딪혀 깊은 좌절감에 빠져 헤어 나오지 못할 때가 많고요, 심지어 비판과 조롱을 받아 고통을 겪으면서 절망하기도 합니다.

이처럼 성도는 부름을 받고 일터로 가정으로 노동의 현장 등으로 파송되어 우여곡절을 겪으며 일주일을 보내지만, 예수님의 죽음을 기억하고 기념하는 날인 금요일을 맞이하면서 삶의 절정을 맞습니다. 곧 말씀대로 사는 동안 거센 저항을 받았거나 혹은 온전히 순종하지 못해 지칠 대로 지친 모습은 예수 그리스도와 함께 십자가에서 죽는 것을 예전과 관련된 의식(촛불을 끄거나 침묵 혹은 음식을 간소하게 먹는 등)을 매개로 간접적으로 경험합니다.

한국의 금요일 철야 혹은 심야 기도회는 이날을 기억하고 기념하는 의미가 있어서 성도들의 영성 훈련을 위해 매우 좋은 시간이었어요. 그런데 안타깝게도 현대인의 생활방식에 맞지 않는다고 해서 몇몇 교회를 제외하곤(최근에는 기도원에서도 찾아보기 어렵다) 거의 폐지된 것 같습니다. 성도의 참여가 저조한 결과이긴 해도 폐지를 결정한 교회의 책임이 전혀 없지는 않습니다. 저녁 기도회나 심야 기도회 형태로 흔적이 남아 있긴

합니다. 여하튼 이때부터 주일까지는 예수 그리스도와 함께 죽은 자로서 그와 함께 부활할 것을 기대하면서 침묵으로 기도하며 혹은 말씀을 깊이 묵상하며 보내는 시간입니다. 만일 성도가 이런 삶의 리듬을 현대인의 생활에 맞게 회복할 수 있다면 평일 자체를 예배하는 자로서 살 수 있으며, 주일 교회 예배는 성도에게 아주 색다른 의미로 다가올 것입니다. 현대인의 생활 리듬을 고려할 때 쉽지 않다는 건 잘 압니다. 그러함에도 불구하고 영성 수련을 위해 기억하고 있다가 기회가 되면 실천하면 좋겠습니다.

설령 교회가 참여자의 수가 줄어들어 폐지했거나 축소했다 하더라도 성도는 금요일 저녁(예수 그리스도의 죽음)부터 주일 새벽(부활)까지 이어지는 시간의 신학적인 의미를 잊지 말아야 합니다. 비록 매주 실천하지는 못하더라도 일주일 주기로 순환하는 신앙 리듬의 의미를 숙지하고 또 간헐적이라도 실천하길 권장합니다. 왜냐하면 이로써 성도는 예배로의 부름에 적극적으로 응답할 준비를 할 수 있기 때문이지요. 하나님의 구원 이야기와 전혀 무관한 일주일 곧 일상 예배 없이 보내는 일주일은 성도로 주일 교회 예배를 무의미하게 여기도록 합니다. 항상 그렇지는 않아도 대체로 그런 방향으로 진행됩니다. 마찬가지로 교회 예배가 무의미해지면 일상 예배도 힘을 얻지 못합니다.

다시 말해서 성도가 예배를 위해 준비할 수 있는 건 한 주간 하나님과 동행하면서 이웃과 더불어 살아온 삶의 결실들,

곧 고통과 두려움과 슬픔과 기쁨과 감사와 찬양 그리고 기도 등입니다. 하나님의 이야기 안에서 이웃과 함께 살아온 삶을 돌아본 후에 얻은 각종 결과(실패와 성공, 불행과 행복, 슬픔과 기쁨, 고통과 희열, 오해와 받아들임 등)를 가지고 예배로의 부름에 응답하며 예배의 자리로 나아가는 것이죠. 물질적인 것(육체적인 것)과 정신적인 것 등 모든 것을 갖고 예배의 자리로 나아가는 까닭이 있습니다. 왜냐하면 물질을 포함하여 보이지 않는 모든 것이 다 하나님의 것이고 또 영과 혼과 몸의 온전함을 통해 예배하는 건 하나님이 온전한 생명을 원하시기 때문입니다. 하나님의 임재를 믿고 예배할 때 성도 본인의 경험과 이야기들은 기도를 통해, 찬양을 통해, 헌신을 통해 그리고 설교를 들으면서 하나님과의 대화가 됩니다.3) 이렇게 될 때 예배는 하나님의 죄용서에 대한 감사와 기쁨의 시간이 되며, 하나님의 위로를 받고 새 힘을 얻는 시간이고, 예수 그리스도와 함께 임한 하나님 나라를 경험하거나 종말론적인 하나님 나라를 기대하는 시간이 됩니다. 이것이 잘 이루어지면 회개를 위한 동력을 얻습니다. 다시 한번 강조하여 말씀드리지만, 예배에 성도가 영과 혼과 몸의 온전함을 통해 참여하는 것은 자기를 하나님의 소유로 인정하고 고백하는 행위입니다(시편 16:9, 살전 5:23 참조).4) 영

---

3) 로버트 웨버(Robert Weber)는 예배에서 내러티브의 의미를 강조하였다. 다음을 참고: 『예배학』(서울: CLC, 2011).

4) **시 16:9** "이러므로 나의 마음이 기쁘고 나의 영도 즐거워하며 내 육체도 안전히 살리니"
   살전 5:23 "평강의 하나님이 친히 너희를 온전하게 하시고 또 너희의 온 영과 혼과 몸이 우리 주 예수 그리스도께서 강림하실 때에 흠 없게 보전되기를 원하노라"

만으로(신비적으로) 예배하려거나, 정신만으로(합리적으로) 예배하거나, 몸만으로(감정적으로 혹은 헌신하거나 각종 행사에 동원되어 참여하는 것만으로) 예배하는 건 올바르지 못합니다. 예배에 참여하는 것이 참여하지 않는 것보다는 더 좋은 일이나, 문제는 예전의 의미를 알려고도 하지 않고 또 아무것도 준비하지 않고 예배 참여에만 의미를 두는 일입니다. 이는 그만큼 예배에 의미와 가치를 두지 않는 삶을 살고 있음을 드러냅니다.

3) 경건을 위한 시간

하나님을 의식하면서 하나님과 동행하는 삶을 경건이라고 할 때 일상에서 경건한 삶을 돕는 방법은 매우 다양합니다. 성서 정과에 따라(이건 각 교단 총회나 대한성서공회 홈페이지를 활용할 수 있습니다) 혹은 묵상 자료집에서 제공한 성경을 읽는 것은 가장 보편적인 일이며, 말씀을 읽고 묵상하기(Q.T.), 묵상 나누기, 새벽기도회(혹은 새벽예배)와 수요기도회(혹은 수요예배)에 참여하여 기도하기 그리고 구역예배에 참여하여 교제하기, 교회가 제공하는 성경 공부에 참여하기, 신앙 서적 내지는 소설이나 시 등을 읽기, 그리고 의미 있고 보람된 삶과 관련해서 대화하고 실천하기 등이 있습니다. 물론 일과 영성의 관계를 고려할 때 노동의 현장에서 성실한 태도와 남을 돕는 행위 그리고 자기보다 남을 더 낮게 여기는 마음을 통해 경건의 훈련을 쌓을 수 있습니다. 경건한 삶을 위해 감정 훈련은 매우 중요한 사안입니다.

안타까운 점은 성도들이 자녀를 양육하는 부모로서 경험이나 직장에서의 경험을 신앙 경험으로 승화하지 못하는 것인데요, 필자는 직장인과 전업주부를 포함하는 성인들을 대상으로 하는 성경 공부에서 시작 전에 일주일간의 삶을 돌아보며 깨달음을 나누는 시간을 갖습니다. 그런데 이 시간을 힘들어하는 사람들이 의외로 많은 것을 봅니다. 늘 반복되는 일(routine)이라서 특별한 것이 없다고 생각하기 때문인데요, 게다가 자랑하면 눈치가 보인다고 여겨 할 말이라는 것이 잘못한 것밖에 없다며 마치 고해성사처럼 느껴진다고도 합니다.

그러나 이것은 자기 삶을 하나님과의 관계에서 생각하는 훈련이 되어 있지 않기 때문이에요. 큐티 훈련이 제대로 이루어지지 않은 까닭이라고 말할 수 있습니다. 사실 직장 상사와 후배와의 만남에서 혹은 업무 때문에 사람들을 만날 때 얼마나 역동적인 관계가 형성되나요. 곰곰이 생각해보면, 일상은 사건의 연속이면서도 동시에 깨달음의 보고입니다. 일상의 지축을 흔드는 도전적인 일은 얼마나 많은지 모릅니다. 다른 한편으로 이런 만남을 하나님과의 관계에서 생각할 때, 특별히 그리스도인으로서 정체성을 갖고 이런 만남에 임할 때 겪는 경험은 매우 다양합니다. 감사, 기쁨, 고통, 실망, 기대, 후회, 분노, 상처 등. 비록 잘못한 것이라도 그것을 하나님과의 관계에서 생각할 때는 전혀 다른 의미의 사건일 수 있습니다. 흡족하게 여길 때도 마찬가지입니다. 모든 일을 하나님과의 관계에서 꼼꼼하게 살펴보면 삶의 다양한 경험들은 하나님의 이야기와 나의 이야기가 만나 일어나는 것임을 알 수 있습니다. 그것에 어떻게 반응하느냐에 따라 예배자로서 사는 것인지 그렇지 않은지가 결정됩니다.

부모와 자녀와의 관계에서도 마찬가지입니다. 자녀 양육에서 부모의 뜻을 관철하기보다 하나님의 뜻이 자녀를 통해 이루어지도록 하는 것을 목표로 삼는다면요, 부모는 자녀 양육을 자기 영성 훈련의 기회로 삼을 수 있습니다. 성장하는 아이들을 보고 기뻐하며 감사하고, 고집부리며 말을 안 듣는 아이들 때문에 기도하며 인내를 배우고, 아이의 미래를 위해 기도하고, 아픈 아이들 때문에 부모는 염려와 근심 가득한 시간을 보내고 또 깊은 시름에 잠기는 시간을 가지면서 하나님을 신뢰하는 법을 배웁니다. 부부 관계에도 같은 원리가 적용됩니다. 문제에만 집중해서 그것이 하나님과의 관계를 여는 문임을 깨닫지 못하면 아무리 오래 살아도 또 진지하게 살아도 삶으로서의 예배는 일어나지 않아요. 그리스도인에게 삶의 문제는 하나님과 소통할 기회입니다.

교회 성도들과의 교제 역시도 경건한 삶을 위해 유익한 일인데요, 주의해야 할 점은 단지 만남 자체에 의미를 두기보다 서로에게서 신앙 경험을 소통할 수 있는 만남이 되도록 하는 것입니다. 가족 관계와 일상의 삶에서 얻는 다양한 삶의 경험을 단지 잡담거리로 소일하려고 하지 말고, 설령 잡담을 나누었다 해도 그것을 신앙 경험의 형태로 소통하려고 노력한다면, 부모로서 스스로 별다른 경험을 하지 못했어도 매우 의미 있는 신앙 이야기가 되어 주일예배에 대한 기대가 높아집니다. 항상 그렇게 할 수는 없어도 그렇다고 대화가 항상 잡담으로 일관하는 건 한 번쯤 돌아볼 일입니다.

4) 영과 혼과 몸의 준비

예배는 하나님의 임재를 위한 기도와 예배로의 부름으로 시작합니다. 비록 성도는 예배의 부름을 받지만, 이것은 상징적인 행위일 뿐입니다. 성도를 예배로 부르는 건 특정한 의미를 두고 정해진 시간 곧 주일(일요일) 자체입니다. '주일'이라는 시간은 하루의 시작과 함께 예배로의 부름에 깨어있게 만듭니다. 예배하는 자로서 예배를 준비하게 합니다. 따라서 성도가 교회 예배를 준비하는 시간은 주일 전날인 토요일부터입니다. 주일 교회 예배로의 부름에 합당하게 응답할 수 있기 위해 준비하는 것이지요. 과거에는 교회가 주일성수를 위해 쇼핑을 포함한 각종 소비행위를 자제하도록 권고했기 때문에 모든 음식을 토요일에 장만해야만 했습니다. 온전히 예배에 집중하기 위해서입니다. 지금은 주일에 대한 인식이 많이 달라졌습니다. 비록 율법적인 의미에서 주일을 더는 지키진 않아도 신앙의 자유를 적절하게 통제하지 못해 성도가 길을 잃는 일도 적지 않다는 사실 만큼은 기억했으면 좋겠습니다.

주일을 준비하는 일과 관련해서 필자가 독일에 머물 때 경험했던 것 가운데 평생 잊을 수 없는 사례를 소개하고자 한다. 필자가 박사 학위를 위한 논문을 쓰는 동안 독일어 문법 교정은 물론이고 숙식까지 무료로 제공해주셨던 고마운 분이 있었다. 지금은 고인이 되신 일제 할러-플레메스(Ilse Haller-Flemes) 부인이다. 고전어 실력이 뛰어났던 그녀는 매일 아침 히브리어로 구약 성경 가운데 한 구절을 선택하여 읽고, 헬라어로 신약 성경의 한 구절을 읽으시고 묵상 후 하루의 일정을 시작한다. 그녀는 매일 그날 먹을 것을 쇼핑하신다. 기독교 전통에 따라 목요일엔 야채 샐러드가 있는 음식을, 금요일에는 생선이 있는 음식을 준비하신다. 그런데 토요일에는 다음날 음식까지 준비하신다. 토요일 저녁 식사가 마친 후 저녁에 주일 아침과 점심을 위해 매우 특별하게 준비하신다. 식탁보와 식기 등은 가장 고급스러운 것을 선택하시고, 음식도 평소와는 현저하게 다르다. 더욱 정성스럽게 준비하신다. 이로써 그녀는 주일을 특별하게 기억하는 의식을 치르셨고 또한 이런 준비를 통해 주일을 특별한 날로 기억하도록 하신다. 주일의 음식을 기대하며 한 주간을 보내는 재미가 있었다. 음식의 변화로 주일이 다가옴을 느낄 수 있었다. 그녀에게는 자녀를 키우면서부터 신앙 교육을 위해 몸에 익힌 습성이라고 하는데, 설령 혼자 식사하는 때라도 한결같은 마음으로 주일에는 특별하게 음식을 준비하여 식사하셨다고 한다. 그리고 모든 청소와 음식 준비는 토요일 저녁까지 마치셨다. 주일 아침에는 다소 느긋한 마음으로 아침 식사를 하였고, 주일 오전에 교회 예배를 마치고 돌아오면 이미 준비된 음식을 데워서 정말 행복한 점심을 제공해주셨다. 이런 분위기는 주일 저녁까지 이어졌다.

한국의 그리스도인 가정에선 오히려 주일이 다른 날들에 비해 가장 대충 먹는 날입니다. 이른 아침부터 저녁까지 혹은 오후까지 진행되는 교회 일로 음식을 제대로 할 수 없기 때문입니다. 가족과 함께 식사하지 못하는 경우가 흔합니다. 피해는 고스란히 아이들에게 돌아갑니다. 부모들이 주일을 준비하는 것도 중요하나, 특히 아이들이 주일을 기대하게 하는 마음을 갖게 하는 것은 다른 어떤 선물보다 중요합니다. 이점을 고려한다면 주일이기 때문에 대충 식사하는 것이 아니라 주일이라서 더욱 기쁜 날이 되기 위해 부모가 시간 조절을 잘하는 연습이 필요할 것입니다. 토요일에 미리 준비해놓으면 주일 아침 부모의 분주함으로 인해 아이들이 아침과 점심을 대충 먹는 일은 없을 것입니다. 이것이 가정에서 나를 세우길 원하시는 하나님에 반응하는 삶으로서 예배는 아닐지 싶네요.

주일을 준비하는 토요일에 휴식을 취하며 보내는 사람도 있지만, 원치 않게 직장에서 근무하는 사람도 있습니다. 따라서 일괄적으로 말할 수는 없겠으나 어떤 경우든 주일에 너무 피곤한 몸 상태로 예배하는 일이 발생하지 않도록 하는 것이 좋습니다. 특별한 일이 발생한 경우는 어쩔 수 없어도 토요일마다 저녁 늦게까지 일정을 갖거나 밀린 일을 몰아서 한다면 다음 날 피곤한 몸 상태로 예배에 참여할 수밖에 없습니다. 교회 예배를 살리길 원한다면 주일을 준비하고 기대하는 시간으로 토요일을 보내면 좋겠습니다. 현대인들의 생활 리듬에서 월요일부터 금요일까지 스트레스로 시달리다 금요일 저녁부터 토요일 저녁까지는 그동안 못 만났던 사람을 만나고 또 미뤄 두었던 일을 처리하는 것은 불가피합니다. 문화적인 전통 역시 기독교적이지 않기 때문에 기독교적인 시간 리듬에 맞춰 사는 것이 쉽지 않습니다.

일단 대한민국의 그리스도인이 처한 모든 형편과 상황을 충분히 이해하고 또 받아들인다 해도 한 번 정도는 생각해볼 필요는 있습니다. 우리에게는 일상에서 누릴 수 있는 기독교 문화가 거의 없다고 말할 만한 안타까운 현실입니다. 문화라는 것은 생명 활동이 있는 곳이면 어디에서든지 형성됩니다. 그런데 그리스도인은 있어도 기독교 문화가 없다면, 도대체 그리스도인은 살아 있지 않고 죽어 있는 존재인가요? 엄연하게 살아 있는 그리스도인이 문화를 생산하지 못한다면, 도대체 기독교 문화는 언제 누구에 의해 또 어떻게 생산되는 건가요? 그리스도인조차도 기독교 문화를 만들어가는 일에서 세상의 흐름 앞에서 무릎을 꿇는다면, 도대체 우리 삶의 문화를 변혁하는 힘은 어디서 나올까요? 빛의 날이며 새로운 창조의 날이고 주께서 부활하신 것을 기념하면서 동시에 다시 오실 주님을 기대하는 주일을 특별하게 기억하기 위한 문화를 생산하고 정착시켜야 하겠습니다. 사실 오늘날처럼 성과를 중시하고, 권력과 명예와 번영과 재물을 추구할 수밖에 없도록 강요하는 현대 사회에서는 특별히 이런 문화를 확산시킬 과제가 그리스도인에게 있습니다. 이것의 출발점은 주일을 정점으로 놓고 생활 리듬을 맞추는 것입니다.

비록 유대교의 관점에서 쓴 것이지만 오늘날에도 여전히 유효한 의미를 밝혀주는 책으로 아브라함 요수아 헤셸(Abraham Joshua Heschel)의 『안식』(서울: 복있는사람, 2007)을 추천합니다. 교회 예배를 준비하는 그리스도인으로서 예배를 염두에 두고 시간 계획을 세우는 일을 결코 소홀히 해서는 안 됩니다. 이것을 지켜나갈 수 있을 때 비로소 기독교 문화는 생산될 것입니다.

[내용 이해를 위한 질문]

1. 교회 예배를 위해 성도가 준비해야 할 건 무엇인가? (하나님과의 친밀한 사귐/이웃과의 친밀한 사귐)

[나의 온전한 예배를 위해 적용할 점]

1. 일상 예배를 위해 준비해야 할 건 무엇인가?

6

온전한 예배

예배로의 부름

파송   초대

일
상

한
국
교
회

축도

6. 인간은 예배함으로 거룩해질까요?

1) 예배에 대한 기대

심리학 연구 결과에 따르면, 기대하고 일에 임하는 사람과 아무런 기대 없이 일에 임하는 사람은 각각의 성과에서 큰 차이를 나타낸다고 합니다. 기대는 긍정적인 태도를 낳고 강한 목적의식을 무장하게 해 어려움이 닥쳐도 혹은 실패한다 해도 이겨내고 다시 시작할 의욕을 갖게 합니다. 이에 비해 기대가 없는 사람은 현실을 부정적으로 보는 경향이 강하고 어려움을 만나거나 실패라도 하면 금방 포기합니다.

예배에 대한 기대가 예배에 참여하는 자에게 긍정적인 영향을 미칠 것이라 예상하는 건 무리가 아닙니다. 그런데 성도는 예배에서 무엇을 기대해도 될까요? 이 질문의 답은 예배를 향한 하나님의 약속에서 찾을 수 있습니다. 그렇다면 하나님은 예배에 어떤 약속을 주셨을까요? 이와 관련해서는 앞서 살펴본 예전(예배의 순서)에 대한 신학적인 이해를 다룰 때 살펴보았습니다. 성도는 하나님의 약속이 은혜로 주어졌기에 기대할 수 있습니다(시 133:3, 요 6:40, 요 17:3).[1] 자세한 것은 앞에서 학

---

1) **시 133:3** "헐몬의 이슬이 시온의 산들에 내림 같도다 거기서 여호와께서 복을 명령하셨나니 곧 영생이로다"; **요 6:40** "내 아버지의 뜻은 아들을 보고 믿는 자마다 영생을 얻는

습한 것을 참고하길 바라고, 이곳에서는 전체적인 관점에서 예배하는 자에게 기대하도록 허락된 것(하나님의 약속)들에 관해 생각해보겠습니다.

예배는 하나님의 임재와 하나님의 자기주심(은혜)에 근거하여 행해집니다. 예배하는 자는 하나님의 영광 안으로 들어가서 삼위 하나님과의 친밀한 교제를 갖도록 허락받을 뿐 아니라 또한 예수 그리스도 안에서 성령님을 통해 새로운 피조물이 되는 은혜를 받습니다. 예배에 주어진 약속은 예배하는 자가 하나님의 임재에 전인격적으로 반응을 할 때 현실이 됩니다. 친밀한 교제가 일어나고 새로운 피조물로 변화를 받습니다. 일상과 교회 모두에서 일어나는 일입니다. 하나님의 임재와 더불어 일어나는 건 생명(영생)과 은혜와 사랑과 진리와 평화와 정의와 죄용서와 구원 그리고 하나님 나라의 영광입니다. 회개한 자에게만 주어지는 것들입니다. 하나님은 예수 그리스도를 통해 이것들을 약속하셨고, 이 약속은-비록 현실에서는 온전하지 않아도-믿음으로 예배하는 자에게 그리고 진심으로 회개하는 자에게 부분적으로(혹은 선취하여) 성취됩니다. 성도는 예전에 들어 있는 하나님의 약속에 전인격적으로 반응함으로써 신앙 행위인 예배를 실천하며, 신실하신 하나님의 약속은-비록 불완전하게 나타나도-어느 정도 현실로 경험됩니다.

이것이니 마지막 날에 내가 이를 다시 살리리라 하시니라"; 요 17:3 "영생은 곧 유일하신 참 하나님과 그가 보내신 자 예수 그리스도를 아는 것이니이다"

곧 예배하는 곳이 어디든 영과 진리 안에서 하나님을 예배하는 자는 그곳에서 하나님 나라를 경험합니다. 하나님을 참으로 예배하는 곳, 바로 그곳이 이 땅에서 부분적으로 현실이 된 하나님 나라입니다.

기독교 예배는 하나님의 임재가 없이는 가능하지 않습니다. 하나님은 우리가 참으로 예배한다고 해서 그곳에 반드시 계시는 분이 아닙니다. 믿음을 갖고 참으로 예배하는 곳에 계시지만, 예배하는 태도가 하나님의 임재를 보장하지는 않는다는 의미입니다. 만일 이 말이 옳다면 모든 열정을 다해 나름의 경건을 실천하는 모든 종교에도 여호와 하나님은 계셔야 합니다. 만일 그렇지 않다면, 예배는 오히려 여호와 하나님이 임재하실 때 그리고 그곳이 어디든 하나님이 임재하신 곳에서 발생한다고 보아야 합니다.

그렇다면 하나님은 어디에 계실까요? 하나님은 어디에나 계시나 하나님이 주권적인 뜻에 따라 거처로 삼으시는 곳에 계십니다. 특히 하나님의 말씀이 들려지고 실천되어 현실로 나타나는 곳에서 영광 가운데 나타나십니다. 하나님은 말씀으로서 계시고, 말씀은 하나님의 현존의 한 모습입니다. 순종은 하나님의 말씀 곧 보이지 않는 하나님의 현존에 대한 인간의 반응입니다. 그러니 적어도 말씀이 들려지고 또 들은 말씀에 대한 순종의 노력이 최선으로 기울여지는 곳, 그곳에서 예배가 일어난다고 보면 틀림없습니다(마 5:16).2) 겉으로 보기에는 하나님의 임재보다 인간의 순종이 앞서 있는 것 같으나 신학적인 의미에서 볼 때 예배에서는 하나님의 행위와 말씀이 우선합니다. 인간의 말과 행위 그리고 예배는 그것에 반응하는 것입니다.

따라서 예배하는 자에게 허락된 일은 삼위 하나님의 친밀한 사귐을 즐거워하는 것이고, 그의 영광 안에 기쁨과 감사와 평안함으로 거하는 것이며, 하나님에게 말하고(기도), 하나님의 말씀을 듣고(설교), 하나님께 감사하고(봉헌), 하나님의 영광을 찬양하는 일입니다(찬양). 그리고 하나님은 죄인을 용서(죄 고백에 따른 사죄)하시면서 예배하는 자가 당신 자신과 친밀한 교제를 갖게 하시며, 서로 다른 삶의 영역에도 아랑곳하지 않고 성도의 교통을 가능하게 하십니다(교제). 예배에는 기도에 대한 응답이 있고, 죄의 고백에 따른 용서가 있으며, 상처에 대한 위로가 있고, 죽어가는 생명이 성령님을 통해 소성되며, 서로 나뉘었던 마음들이 하나가 되고, 세상에서 구별되고 차별받는 일들이 사라집니다. 말과 생각과 품성에 변혁의 힘이 작용하여 예수 그리스도를 통해 약속된 새로운 창조가 현실이 되는 사건이 일어납니다(딛 3:4~7, 고후 5:17).3) 사탄과 마귀의 권세가

---

2) **마 5:16** "이같이 너희 빛이 사람 앞에 비치게 하여 그들로 너희 착한 행실을 보고 하늘에 계신 너희 아버지께 영광을 돌리게 하라"

3) **딛 3:4~7** "우리 구주 하나님의 자비와 사람 사랑하심이 나타날 때에 우리를 구원하시되 우리가 행한 바 의로운 행위로 말미암지 아니하고 오직 그의 긍휼하심을 따라 중생의 씻음과 성령님의 새롭게 하심으로 하셨나니 우리 구주 예수 그리스도로 말미암아 우리에게 그 성령님을 풍성히 부어 주사 우리로 그의 은혜를 힘입어 의롭다 하심을 얻어 영생의 소망을 따라 상속자가 되게 하려 하심이라"; **고후 5:17** "그런즉 누구든지 그리스도 안에 있으면 새로운 피조물이라 이전 것은 지나갔으니 보라 새 것이 되었도다"

예수 그리스도의 이름으로 쫓겨납니다. 하나님 나라가 현실로 나타납니다. 그리고 새로운 창조의 현실을 경험한 증인으로서 살기 위해 세상으로 파송 받습니다. 이것이 바로 예배하는 자가 기대하도록 허락받은 것들입니다.

그러므로 하나님의 약속이 성취될 것을 기대하며 예배하는 동안 성도는 하나님과 자신을 새롭게 알게 되고 또한 그동안 숨겨져 있거나 억눌렸던 자신의 감성들을 발견합니다. 성령님을 내 안으로 받아들일 때 영과 혼과 몸이 온전해져 삶의 목적과 모양은 물론이고 삶의 의지와 체질도 바뀌어 나 중심에서 하나님 중심으로 변혁됩니다.

한편, 예배에 대한 이런 기대를 품고 교회에 오고 또 일상으로 나아가는 성도는 얼마나 될까요? 사실 교회 안에서 성도들의 회개하지 않는 구태의연한 모습 때문에 이런 기대를 찾아보기 쉽지 않고 또 기대한다 해도 결실로 이어지지 못합니다. 성도들이 예배를 기대하지 않는 건 삶에 매여 그럴 여유가 없기 때문이지만, 보다 근본적으로는 예배 가운데 현존하신 하나님과 그분의 영광을 경험하지 못했기 때문입니다. 하나님의 현존과 그분의 영광을 경험하지 못한 성도가 말씀대로 변하지 않는 건 당연하지 않을까 싶습니다. 그리고 자신의 변화를 경험하지 못한 사람이 어떻게 다른 사람에게 변화가 일어나도록 선한 영향력을 행사할 수 있을까요?(마 5:16, 벧후 2:12)4) 그럴 수 없지요. 그렇다고 말한다면 그건 거짓이고 위선입니다. 아무런 기대 없이 교회에 오고 또 아무런 기대 없이 일상으로 나아가는 건 예배에 주어진 하나님의 약속을 무시하는 태도입니다.

다른 한편으로 비록 드문 경우이긴 해도 성도 가운데는 자기가 원치 않는, 그러나 하나님의 약속에 따라 일어나는 결과(자기 의지에 반하여 요구되는 헌신)에 대한 두려움 때문에 오히려 예배하기를 주저하는 일도 있습니다. 왜냐하면 약속에 대한 기대의 충족이 하나님의 부르심에 대한 성도의 헌신이라는 응답을 요구할 것이라는 심리적인 부담감과 연결되어 있기 때문이에요. 그래서 기도를 원하지 않고, 회개를 주저하며, 찬양하기 싫어하며, 변화를 촉구하는 설교를 듣는 일에 부담을 느낍니다. 파송은 말할 것도 없습니다. 일상에서 갈등 관계에 있는 성도와의 화해를 원치 않는 성도도 있어요. 예배를 통해 자기를 변화시켜야 하는 것을 부담으로 여겨 스스로 순종하는 삶에서 그리고 예배에서 멀어지기도 합니다. 예배에 참석하고 또 순종의 삶을 통해 은혜를 받아 자신은 변하는 데 비해 정작 변해야 할 사람이 그렇지 않은 모습을 부당하게 보면서 억울하게 생각하는 성도도 있어요.

그러나 세리장이며 부자로 소개된 삭개오를 보십시오(눅 19:2~10). 그는 사람들의 눈총을 받는 세무직 공무원입니다. 세무직 공무원은 당시 로마에 부역하는 배신자로 여겨져 사람들로

---

4) **벧후 2:12** "여럿이 그들의 호색하는 것을 따르리니 이로 말미암아 진리의 도가 비방을 받을 것이요"

부터 비난을 받았지요. 그러나 그는 단순한 호기심을 넘어 예수님 만나기를 사모하여 사람들의 시선을 의식하지 않았으며, 육체의 한계를 극복하려 노력했고, 예수님을 만난 후 일어나는 내적인 변화의 요구에 기꺼이 복종하여 변화를 실천했습니다. 다른 말로 하면 변화가 자기에게 일어나길 받아들였습니다. 이것이 참 예배의 모습입니다. 삭개오의 반응을 보신 예수님은 삭개오에게 구원을 선포하셨죠. 하나님의 약속은 참으로 예배하는 자에게 현실로 나타납니다.

따라서 온전한 예배의 관건은 예배에 약속된 것을 간절히 기대하는 것입니다. 인간은 자기가 원하는 대로 살려는 본성을 갖고 있기에 노력하지 않으면 예배하길 싫어하는 마음을 이길 수 없습니다. 때에 따라 모여 습관적으로 예배하는 태도에서 벗어나, 교회에 가는 동안 내가 정말 예배하길 원하고 있는지, 또는 내가 정말 예배에서 누릴 사귐을 기대하고 있는지, 그리고 일상에서 하나님의 말씀에 따른 변화를 간절히 원하고 있는지를 스스로 물어보는 가운데 그렇게 되길 기도하면서 교회로 혹은 일상으로 나가면 좋겠습니다.

그밖에 오랜 기간 교회에서 소그룹 모임을 인도하면서 알게 된 사실이 하나 있습니다. 앞서 말한 것들과는 또 다른 이유로 예배에서 일어날 일을 기대하면서 예배하러 오는 성도는 그렇게 많지 않다는 것입니다. 눈을 씻고 보아도 찾아보기가 쉽지 않습니다. 앞서 예배를 준비하는 일과 관련해서 말했지만, 토요일 밤까지 이런저런 일로 바쁘게 보내고는 주일 아침을 맞이하고, 아이들 식사 챙기고 서둘러 교회에 오느라 분주하게 시간을 보냅니다. 그러니 예배에서 일어날 혹은 경험할 일에 대한 기대보다는 교회에서 부딪힐 각종 문제로 염려가 앞서 부디 오늘 하루가 평안하길 기도하는 날이 더 많다는 말을 듣습니다. 물론 자녀들이 장성한 경우는 다르겠으나 고등학생까지 자녀를 둔 부모들의 사정은 대충 비슷합니다. 어려선 모든 것을 챙겨 주어야 해서 바쁘고, 장성해서는 일요일 새벽까지 게임을 하거나 다른 일을 하다 잠든 아이들을 깨우는 일 때문에 분주합니다. 성인이 되면 부디 주일 교회 예배에 빠지지 않기만을 기대하며 마음 졸입니다. 이런 삶의 리듬에서 예배에서 일어날 일을 기대한다는 건 생각하기 쉽지 않습니다. 문제는 이런 상황은 매주 반복하면서도 개선이 잘 안 된다는 것입니다. 상황이 이렇다 해서 아무런 기대 없이 예배하러 오는 것을 당연시해서는 안 될 것입니다.

그러면 도대체 어떻게 해야 성도는 예배에서 일어날 일들을 기대하는 마음을 가질 수 있을까요? 무엇보다 하나님과의 사귐을 갈망하는 마음이 있어야 하겠고요, 또 예배는 은혜임을 인정하고 참여하는 자세가 필요합니다. 골로새 교회에 바울 사도가 말한 바와 같이 새 사람을 입은 자로서 그리고 새로운 지식을 가진 자로서 위의 것을 찾으며 은혜를 사모하는 마음이 요구됩니다. 하나님과의 사귐을 알지 못하고 또 체험하지 못한 사람이 예배를 기대할 동기를 얻는다는 건 쉬운 일이 아니에요. 그 안에서 무슨 일이 일어날지는 오직 하나님만 아시거든요. 그러니 하나님과 그분의 약속을 신뢰하고 나 자신을 온전히 주님께 맡겨야 합니다. 비록 예배 전까지는 내가 원치 않았던 일이라도, 만일 그것이 예배 중에 일어난다면 감사함으로 받아들여야 합니다. 그러면 처음에는 다소 부담스레 느껴져도 오히려 그것이 생각지도 못한 큰 은혜임이 입증될 것입니다.

두 번째는 주일 아침을 바쁘고 분주하게 만드는 일을 가능한 한 피하길 권합니다. 주일엔 가능한 한(예외적인 상황은 어쩔 수 없지만) 소득을 위한 일을 피하고, 할 수 있는 범위에서 토요일에 모든 것을 준비해놓는 방법을 찾고 실천하면 됩니다. 세상 사람들의 일주일 리듬을 따라가지 못하면 뒤처질 것이라는 불안과 두려움은 믿음 안에서 떨쳐버려야 합니다. 설령 세상에서 사는 인생이기 때문에 어느 정도 불안하고 두려워지는 건 어쩔 수 없다 하더라도 하나님을 신뢰하면서 극복할 방법을 거듭 반복해서 훈련해야 합니다.

성경에서 '두려워하지 말라'라는 말이 몇 번 나오는지 살펴보십시오. 루마니아의 리차드 범브랜트(Richard Wurmbrand, 1909~2001) 목사의 말에 따르면, 놀랍게도 365번 나온다고 하네요. 의도적인 단어 선택인지는 모르지만, 세상에서 일어나는 일로 두려워하는 우리에게 하나님은 매일 한결같이 '두려워하지 말라'라고 말씀하신다는 의미는 아닐지 싶습니다. 주일 교회 예배에서 일어날 하나님의 새로운 창조를 소망 가운데 기대하길 훈련하면서 그리스도인의 삶의 리듬이 결코 잘못이 아님을 삶으로 보이는 것, 일상의 삶을 하나님의 백성으로서 전시하는 것, 이것이 일상의 예배입니다.

끝으로 세 번째는 하나님을 더 깊이 알려고 하고 또 하나님과의 만남을 갈망하는 것입니다. 여기서 주의해야 할 일은 자신이 원하는 하나님, 자신이 기대하는 하나님, 자신이 만나고 싶은 하나님만을 앞세우거나 고집하지 않는 것입니다. 갈망은 하나님 자신의 나타나심에 대한 것이어야지요, 만일 자신이 원하는 하나님만을 갈망하면 오히려 우상숭배에 빠질 수 있습니다. 만일 자기 마음에 들지 않으면 실망하게 되어 예배 자체를 무의미하게 여길 수 있습니다.

어릴 때 설교를 통해 들었던 이야기 하나는 제 가슴에 깊이 박혀 있습니다. 다소 충격을 받았기 때문인 것 같은데요, 내용은 이렇습니다. 전도사님이 하나님의 음성을 듣고 싶어 기도원에 가셨다고 해요. 3일인지 5일인지 기억나지 않지만, 작정하여 올라가 기도를 하는데, 마지막 날까지도 음성을 듣지 못했다고 합니다. 다소 실망스런 마음을 가득히 안고 마지막 힘을 다하며 기도했다고 해요. 그런데 마지막 날 깊은 밤에 갑자기 기도원 뒤쪽에서 자기 이름을 부르는 소리가 들렸다고 합니다. 그래서 서둘러 가보니 아무도 없었다는 겁니다. 다시

기도하는 중에 또다시 자기 이름을 부르는 음성을 들었는데, 다시금 서둘러 달려가 보니 그곳엔 배고파서 꿀꿀거리는 돼지만이 있었다는 겁니다. 얼마나 하나님의 음성을 듣고 싶었으면 그랬을지 싶네요. 하나님을 갈망해도 자기가 원하는 하나님을 결정해 놓으면 전혀 엉뚱한 일이 벌어진다는 교훈이었습니다. 내가 원하는 것을 들으려 하지 말고 오히려 하나님의 말씀대로 살려고 노력하라는 걸 강조하는 설교였던 것 같아요. 하나님이 만나주실 때, 비록 내가 원하지 않는 모습이라도 하나님을 인정하고 받아들이는 마음을 의미합니다.

앞서 성도의 일주일 리듬에 관해 언급했는데요, 이것은 하나님을 갈망하게 하는 데에 크게 공헌합니다. 기쁨 가운데 감사하고 싶고, 고통 가운데 위로받길 원합니다. 그리고 편안함과 안락함 가운데 지축을 흔드는 것 같은, 그러나 궁극적으로는 혼돈 가운데 새롭게 창조하시는 권능의 말씀을 기대합니다. 이런 삶의 리듬을 갖고 하나님을 신뢰하며 살 때 주일 교회 예배는 단순한 의무가 아니라 간절한 마음으로 기대될 수밖에 없습니다.

기대와 관련해서 반드시 언급해야 할 사실이 있어요. 사람은 대개 서로를 더 잘 알면 알수록 기대감이 그에 비례하여 떨어지는 것입니다. 처음 만날 때는 서로 긍정적으로 또 적극적으로 반응하면서도 시간이 지나면 시들해집니다. 관심이 줄어 상대에 대해 크게 기대하지 않게 되지요. 하나님에 대해서도 마찬가지인 것 같습니다. 물론 그렇지 않은 경우가 더 많다고 말할 수 있습니다. 예수 그리스도와 그의 복음을 통해 하나님을 처음 알게 될 때는 신앙생활이 얼마나 생동감 넘쳤는지, 예수님은 사도 요한을 통해서 소아시아 지역의 도시 에베소에 있는 교회에 보낸 편지에서 그것을 "처음 사랑"에 빗대어 말씀하셨습니다(계 2:4).[5] 그러나 시간이 지나면서 사랑의 열정은 식고 마음은 변하고, 차지도 않고 덥지도 않은 미지근한 상태에 익숙해집니다. 라오디게아 교회가 그랬습니다(계 3:15~16).[6] 이 세상에 살면서 당연하게 경험되는 일이지만, 처음 사랑을 회복하지 않으면 촛대를 옮길 것이라 말씀하셨습니다(계 2:5).[7]

기대가 식지 않기 위해선 일상에서 갖는 경건의 시간을 통해 하나님을 만나는 일을 반복하는 것이 중요합니다. 무엇보다 하나님과의 관계에서 신비의 차원을 잃지 않아야 합니다. 오늘이나 내일 만나게 될 하나님은 같은 분이지만, 어제나 오늘 알고 있었던 하나님의 모습이 아닐 수 있기 때문이며, 또한 내가 알고 있던 하나님과는 전혀 다른 모습으로 다가오실 수 있기 때문입니다. 하나님에 관한 선입견에 사로잡히지 않는 신앙생활이 필요합니다(우상숭배 금지 조항은 하나님의 이미지를 만

---

5) **계 2:4** "그러나 너를 책망할 것이 있나니 너의 처음 사랑을 버렸느니라"

6) **계 3:15~16** "내가 네 행위를 아노니 네가 차지도 아니하고 뜨겁지도 아니하도다 네가 차든지 뜨겁든지 하기를 원하노라 네가 이같이 미지근하여 뜨겁지도 아니하고 차지도 아니하니 내 입에서 너를 토하여 버리리라"

7) **계 2:5** "그러므로 어디서 떨어졌는지를 생각하고 회개하여 처음 행위를 가지라 만일 그리하지 아니하고 회개하지 아니하면 내가 네게 가서 네 촛대를 그 자리에서 옮기리라"

들지 말라는 것이다). 이를 위해선 매일같이 말씀을 묵상하면서 날마다 새 길을 여시고 새 일을 하시는 하나님을 신뢰하길 배우는 노력이 필요합니다. 성경에는 하나님에 관한 다양한 증거들로 가득합니다. 매일같이 하나님과 교제하는 동안 놀랄 수도 있고 당황할 수도 있으며 때로는 욥의 사례에서 볼 수 있듯이, 기대와 전혀 다른 모습으로 나타나시어 절망에 가까운 경험도 일어날 수 있습니다. 관건은 예배에 대한 기대에서 내 생각 내 의지 내 주장을 고집하지 않고 내려놓는 것입니다. 그래야 예배에서 하나님에 의해 새롭게 창조되는 나를 발견할 수 있습니다.

2) 인간은 예배함으로 거룩해질까요?

예배를 하나님과 사람의 만남을 표현하는 여러 상징과 의식으로 실행되는 여러 신앙 행위를 총칭하는 것으로 단순화시켜 보면요, 하나님의 임재와 말씀 그리고 그분의 행위와 여기서 비롯하는 은혜(구원, 용서, 부르심, 복음, 복 등)가 있고, 하나님의 은혜에 대한 성도의 반응들이 있습니다. 감사와 찬양과 기도와 봉헌과 성도의 교제와 죄의 고백과 회개 그리고 결단을 통한 실천 등입니다. 이제는 하나님이 인간을 만나주시러 오실 때 일어나는 일들을 염두에 두고 이런 질문을 생각해보죠. 일상과 교회에서 예배를 통해 인간은 거룩해질까요, 아니면 거룩한 자만이 예배할 수 있을까요? 아니면 예배와 거룩함은 서로 무관한 걸까요?

(1) 쉐키나와 예배

예배는 거룩한 하나님이 당신의 '쉐키나(Shekinah)'를 실현하는 현장입니다. '쉐키나'는 '거주'를 뜻하는데요, 하나님이 영광중에 자기 백성과 함께 거하신다는 의미로 사용됩니다. 성경에는 동사형(샤칸 shakan)으로 나올 뿐 명사형으로는 나오지 않아요. 그러니 명사형 '쉐키나'는 신학적으로 구성된 개념입니다. 특히 요한복음은 말씀이 육신이 되어 자기 백성 가운데 거주하셨다고 했습니다. '쉐키나'는 바로 이 사실을 가리킵니다. 곧 삼위 하나님이 당신의 친밀한 교제를 우리 안에서 나누십니다. 그렇게 우리 안에 현존하시는 거죠. 이것이 '쉐키나'입니다. 성령님이 내 안에 거하시는 것도 쉐키나입니다. 쉐키나로 하나님은 예배 안에서 우리가 삼위 하나님의 사귐을 누리도록 하십니다. 존경하는 위인과 친밀한 사귐을 누리도록 초대되었다고 생각해보십시오. 얼마나 큰 영광인가요!

그 밖에도 하나님이 우리와 함께 계신다는 '임마누엘'이나 솔로몬 성전과 장막 그리고 언약궤는 하나님이 일상에서 백성들 가운데 거하시며, 또한 하나님의 임재를 상징하는 것으로 여겨졌습니다. 이것 역시 하나님의 '쉐키나'를 표현하는 것으로 이해할 수 있습니다. 물론 이사야가 보았던 하늘의 보좌에 앉아계시는 모습도 하나님의 '쉐키나'를 표현합니다. 요한계시록의 새 예루살렘은 하나님의 '쉐키나'를 위한 장소로 소개되었습니다.

거룩하신 하나님이 죄로 가득한 세상에 거주하신다는 생각 자체가 이해하기 어려운 일이지만, 예수 그리스도를 믿는 우리에게는 큰 은혜입니다. 예배는 거룩하신 하나님이 쉐키나를 실현하는 것을 보여주는 예전입니다. 따라서 예배는 불가능한 일이 일어나는 신비이며 은혜이고, 거룩함이 세속 가운데 거하고 또한 거룩함이 물질을 통해 자신을 드러내며, 세속이 거룩함을 만나 거룩하게 변화하는 계기입니다. 그런데 예배는 거룩하신 하나님의 현존에 대한 믿음이 없다면 의미가 없습니다. 예배가 일어나는 그곳엔 언제나 신비(세상에서 결코 일어날 수 없는 삼위일체 하나님의 임재)와 은혜(불가능하나 우리를 위해 일어나는 일)가 동시에 존재합니다.

그렇다면 예배는 무엇인가요? 예배는 하나님의 부름을 받은 자(예배에 참여하는 자)들이 예수 그리스도를 통해 하나님이 베푸신 은혜에 응답하면서 전인격적으로 반응하는 신앙 행위입니다. 일상과 교회에서 영과 혼과 몸으로 그리고 지성과 감성과 의지로 반응하면서 거룩하신 분을 높이고 그분을 참 하나님으로 인정하며 그의 영광에 합당하게 말하고 행합니다. 그의 말씀과 뜻과 행위에 순종으로 반응하는 신앙 행위입니다. 의식(예전)과 삶을 통해 이뤄지는데 거룩하신 하나님의 '쉐키나'와 이것에 반응하는 성도의 행위로 구성됩니다. 감각적인 것들(물질)을 매개로 거룩하신 하나님이 당신 자신을 상징을 매개로 나타내 보이시면, 예배하는 자는 그분의 현존을 믿고 그분 앞으로 나아가 일정한 의식을 통해 반응합니다. 이 의식을 매개로 예배자는 그분을 높이며 그분을 참 하나님으로 인정합니다. 따라서 예배하는 자는 이 세상에서 신비와 은혜의 세계를 경험합니다. 이로써 점점 하나님의 속성을 닮아갑니다. 얼마나 경이로운 일인지요!

여기서 주의해야 할 점은 하나님에 대한 반응은 인간(과 환경)에 대한 반응을 통해서 이루어진다는 것입니다. 후자를 무시하고 전자가 일어나는 경우가 드물게 일어날 수 있지만, 이 땅에 사는 한 대체로 전자는 후자를 매개로 일어납니다. 선한 사마리아 사람의 비유에서 볼 수 있듯이, 제사장과 레위인은 하나님의 율법에 진심으로 반응한다는 의미에서 강도 만나 피흘리며 쓰러져 있는 자를 외면했지만, 사마리아인은 오히려 위급한 사람에 반응함으로써 결과적으로 하나님에게 적합하게 반응했다고 평가받았습니다. 마태복음 25장 양과 염소의 비유에 등장하는 인물들도 자기 나름대로 진지한 반응을 하며 살았을 겁니다. 그러나 자기가 원하는 것에 반응하는 사람과 작은 자라도 소홀히 하지 않고 진지하게 반응한 결과는 전혀 달랐습니다. 이런 점에서 이웃 사랑과 하나님 사랑은 떼려야 뗄 수 없는 관계에 있습니다. 그래서 온전한 예배는 하나님 중심과 사람 중심이라는 두 초점 예배라 말한 것입니다.

(2) 거룩함과 예배

인간학적인 측면에서 볼 때, 예배는 하나님이 인간을 만나

주시기 위해 베푸신 잔치이며 실제로 하나님과 인간의 만남이 일어나는 사건입니다. 하나님이 은혜로 초대하시고 인간이 응답하여 일어나는 사건입니다. 부름을 받은 자들이 하나님의 현존을 믿고, 그분 앞으로 나아가, 그분을 인정하고 높여드리며, 그분의 영광을 찬양하고, 그분의 말씀에 귀를 기울이고, 또한 그분에게 말하는 시간입니다. 일방적인 인간의 행위가 아니라 하나님의 임재와 은혜에 대한 반응입니다. 죄인인 인간이 하나님을 대면하면서도 죽지 않는 것은 한편으로는 예배가 은혜의 현장임을 입증하지만, 다른 한편으로는 예배하는 중에 존재의 변화가 일어났음을 깨닫게 합니다. 하나님 앞에서도 죽지 않는 존재로 변화한 것이죠. 예배는 영생의 현실을 상징하며 또한 실제로 선취하여 일어나는 현장입니다. 예배를 통해 거룩한 변화가 일어납니다.

그뿐 아니라 함께 예배하는 성도들이 하나님 앞에서 화목을 다짐합니다. 다시 말해서 거룩하신 하나님과 만나도록 허락받은 성도들은 갈등과 대립의 관계를 청산하고 서로 사랑하는 관계를 통해 반응합니다. 왜냐하면 예배는 예수 그리스도를 통한 하나님과 인간의 화해를 전제할 뿐만 아니라 또한 이를 거듭 재현하는 과정이기 때문입니다. 예배하면서 인간은 하나님과의 만남과 소통과 복 그리고 인간들 사이의 화해를 기대하고 또 경험하며 그리고 실천합니다. 예배에서 인간은 서로에 대해 하나님의 사랑과 온전함을 소통합니다. 이런 예배를 가정할 때, 예배를 통해 인간은 거룩해진다고 말할 수 있을까요? 그렇습니다.

(3) 거룩함과 제사

예배와 거룩함의 관계를 묻는 배경에는 구약이 있습니다. 그들은 제사를 통해 거룩해지길 원했고, 제사함으로써 거룩함을 경험했고, 또 제사 행위를 반복하면서 점점 더 거룩해질 수 있다고 믿었습니다. 제사는 죄 용서를 구하는 일을 포함하기 때문입니다. 성경에 나오는 제사에 대한 비판은 바로 이런 태도가 변질했다는 사실을 지적하는 것인데요, 자세히 살펴보면 제사 자체를 문제 삼지 않고 다만 하나님의 심판에 대한 두려움에서 벗어나기 위해 형식적으로 드리는 거짓된 제사를 비판하고 있습니다(말 1:10).[8] 제사를 통해 거룩해지는 은혜를 갈망하는 마음 자체를 겨냥한 것은 아니었습니다. 제사에서 제물과 제물을 바치는 사람은 분리하지 않습니다. 따라서 제물만 받으시는 것이 아니라 제물과 제물을 바치는 사람을 받으십니다. 만일 제물을 바치는 사람이 하나님 앞에서 합당하지 않으면 제물도 거부됩니다. 이런 까닭에 만일 제사와 예배를 연결하여 생각한다면 다음과 같이 묻지 않을 수 없습니다. 진실한 예배라면 예배를 통해 거룩해지는 은혜를 얻는 건 아닐까요?

(4) 죄인이면서 의인

거룩함은 하나님의 속성으로 세상과 절대적으로 구별되게

---

8) **말 1:10** "만군의 여호와가 이르노라 너희가 내 제단 위에 헛되이 불사르지 못하게 하기 위하여 너희 중에 성전 문을 닫을 자가 있었으면 좋겠도다 내가 너희를 기뻐하지 아니하며 너희가 손으로 드리는 것을 받지도 아니하리라"

만드는 것입니다. 하나님은 거룩하신 존재입니다. 이 말은 하나님이 세상과 절대적으로 구별되었음을 고백하는 것입니다. 그런데 하나님이 육신을 입고 이 땅에 오신 후로 거룩함은 절대적인 구별이 아니라 죄가 없음의 상태로 이해되었습니다. 예수 그리스도를 통해 그렇게 이해되었는데, 성경은 그가 세상에 속해 있으나 죄가 없으신 분으로 거룩하신 분이라고 말합니다. 세상에 속해 있으나 죄가 없는 상태, 구별된 상태를 두고 거룩하다고 합니다. 그러나 세상에는 죄가 없는 것이 하나도 없기에 어떻게 이해하든 세상과 구별하려는 의도는 여전히 남습니다.

예수를 믿는 사람들을 '거룩한 무리', 곧 성도(聖徒)라 부른 까닭은 예수 그리스도를 믿음으로 죄 용서를 약속받았기 때문입니다. 약속하신 하나님은 신실하신 분이시기에 반드시 이루어질 것을 확신할 수 있습니다. 이런 의미에서 사람은 예수 그리스도를 믿음으로 이미 죄를 용서받고 또한 거룩하다 칭함을 받는 사실을 누릴 수 있습니다. 칭의와 성화는 함께 일어나는 사건입니다. 그러나 사람은 죄를 고백하고 믿음을 통해 비록 죄 용서를 약속받으나, 그렇다고 해서 죄가 없는 것은 아닙니다. 마지막 날까지는 여전히 죄인으로서 살고 또 죄인으로서 죽습니다. 이 두 가지 실존 상태를 루터는 '의인이면서 동시에 죄인(simul justus et peccator)'이라는 말로 표현했습니다. 이 말은 성령님을 통해 예수 그리스도와 연합함으로 예수 그리스도의 의가 전가되어 의인으로 인정받을 것을 약속받았고 또 하나님은 신실하신 분이기에 믿는 자는 믿음과 더불어 실제로 의롭다 칭함을 받지만, 종말이 올 때까지는 죄의 유혹에서 벗어나지 못하며 실제로 죄인으로서 산다는 의미입니다. 용서를 보장받은 죄인이란 말이죠. 의화(義化) 곧 의인이 된 것이 아니라 예수 그리스도의 의를 바탕으로 의롭다고 여겨질 뿐입니다(稱義). 온전히 거룩해지는 과정을 거쳐야 합니다. 이것을 성화라고 하지요. 그러므로 현실에서는 믿는 자라도 형편과 처지에 따라서 때로는 의인이고 때로는 죄인입니다. 동시에 두 개의 실존을 갖지는 않습니다. 그러므로 그리스도인은 할 수만 있다면, 예수님이 가르쳐 주신 기도("아버지의 나라가 오게 하시며")처럼, 하나님의 나라가 이 땅에 임하길 간절히 바라며 기도해야 합니다. 의인으로서 인정받으며 살 기회이기 때문이지요. 이것은 율법을 온전히 지키는 인간의 공로로 의로움을 얻는다고 믿는 유대교나 믿음과 공로의 협력으로 의를 얻는다는 로마 가톨릭과 구별되는 가르침입니다. 따라서 칭의를 말할 때마다 언제나 인간의 공로 문제가 따라옵니다. 이것을 극복하면서 하나님의 의롭게 하시는 은혜를 고백하는 것이 칭의 신앙입니다.

한편, 칭의는 성령님을 통해 예수 그리스도와 연합한 자에게 주어지는 하나님의 의에 초점을 둡니다. 이에 비해 성화는 예수 그리스도의 보혈을 통해 주어진 죄 용서와 성령님이 이끄시는 삶의 온전함과 관계합니다. 따라서 양자는 같은 개념일 수 없습니다. 믿음으로 의롭다 칭함을 받아도 여전히 죄인이듯이, 믿음으로 죄 용서를 받아 거룩하다고 여겨지지만, 세상에 속해 사는 한 여전히 죄인이라고 말해야 할까요? 그렇다면 의롭게 되려는 노력으로 의를 얻지 못하듯이, 거룩해지려는 노력으로는 거룩하다고 인정받을 수 없다고 말해야 할까요?

엄밀히 말해서 그렇습니다. 인간의 거룩함은 노력으로 얻어지는 게 아닙니다. 노력이 필요없다는 말이 아닙니다. 다만 거룩하게 하시는 분은 하나님이라는 말입니다. 하나님의 거룩하게 하시는 행위에 따라 주어지는 선물입니다. 성도가 하나님을 예배할 때 하나님은 성도를 거룩하게 하십니다. 믿음으로 예배함으로써 거룩함을 선물로 받습니다. 성도는 비록 세상에 속해 있으나, 하나님은 그들을 예배자로 부르시고, 믿음의 예배를 보시고 그들을 세상과 구별하십니다. 가인과 아벨을 구별하시고 에서와 야곱을 구별하셨듯이 그렇게 구별하십니다. 예배자는 비록 죄인이지만, 하나님은 예수 그리스도의 보혈을 통해 죄를 용서하시고 거룩하게 구별하십니다.

예배는 인간의 공로를 쌓는 방법이 아닙니다. 예배한다고 해서 하나님 앞에 의롭다고 여겨지거나 거룩해지지는 않습니다. 핵심은 예배가 하나님과 인간의 만남이 일어나는 사건이며 하나님의 은혜에 대한 인간의 반응이라는 점에 있습니다. 정확히 말해서 하나님이 인간을 당신의 영광 안으로 또한 삼위 하나님의 친밀한 사귐 안으로 불러들이심으로써 하나님과 인간의 만남이 일어나는 현장이며 또한 하나님이 인간을 만나 주시는 사건을 재현합니다. 예배하는 인간은 삼위일체 하나님의 사귐에 참여하면서 하나님의 속성을 닮은 존재(새로운 피조물로)의 변화가 일어나 덕이 쌓이고, 사람과의 관계에서는 생각과 감정과 태도에서 변화를 나타내 보입니다. 예배에서 성도는 장차 올 하나님 나라로 옮겨집니다. 예배에 참석하는 기회가 많을수록 더 많은 만남이 이뤄지기 때문에 하나님을 더 자주 만나게 되고 성도는 더 자주 죄 용서를 경험합니다. 따라서 예배자의 삶은 하나님에 의해 거룩해지는 현장입니다. 바울은 이것을 두고 '경건에 이르는 연습'이라고 말했습니다(딤전 4:7).9) 그러나 단지 하나님의 심판을 피하기 위한 일시적인 방편으로 예배한다면 올바른 예배가 아닐 뿐만 아니라, 그것은 거룩함과 전혀 무관합니다. 죄에 대한 진정한 참회가 없이 다만 거룩해지기 위한 예배 참석은 의미가 없지만, 영과 진리로 예배함으로써 그리스도인은 하나님의 은혜로 거룩함을 입습니다. 반복적이고 지속적이면서도 영과 진리로 예배하는 성도는 성령님의 열매를 맺어 성품의 변화를 경험합니다.

(5) 거룩한 자만이 예배할 수 있을까요?

이사야 선지자는 하나님의 천상 회의를 본 후에 자신이 죽을 것을 염려하였습니다. "화로다 나여 망하게 되었도다"(사 6:5). 그러나 이것은 하나님의 뜻에 따라 일어난 것(계시)이기에

---

9) **딤전 4:7** "...경건에 이르도록 네 자신을 연단하라"

죽임을 당하지 않았습니다. 그런데도 이사야는 죄 씻음을 받아야 했고("보라 이것이 네 입에 닿았으니 네 악이 제하여졌고 네 죄가 사하여졌느니라", 사 6:7), 그 후에 비로소 사역에 임할 수 있었습니다. 이것은 거룩한 자만이 예배할 수 있다는 말을 무색하게 합니다. 하나님과의 만남은 하나님이 원하시면 의인이든 죄인이든 누구에게나 일어날 수 있다는 말입니다.

하나님은 인간을 만나주심으로써 선택을 실행하시고 거룩하게 하시며, 예수 그리스도를 계시하시어 그를 주님으로 믿게 하심으로 의롭다고 하시고, 또한 영과 혼과 몸이 하나님이 원하시는 뜻에 따라 살게 하시어 온전케 하십니다(살전 5:23). 다시 말해서 하나님은 당신을 참으로 예배하는 일을 결단코 막지 않으시며(요 4:23)[10], 예배의 현장에서 그들을 거룩하게 하십니다. 그러므로 거룩한 자만이 예배할 수 있는 건 아니며, 오히려 영과 진리 안에서 참으로 예배하는 자는 은혜로 하나님의 거룩함을 입습니다. 길거리에 있는 자라도 하나님을 예배하는 자리로 초대되어 와서 예수 그리스도를 믿으면 하나님에 의해 거룩하게 됩니다. 먼저 거룩해져야 예배할 수 있는 것이 아니지요. 관건은 거룩함을 입혀주실 때 거부하지 않는 것입니다. 잔치에 초대받은 사람이라도 주인이 제공하는 의복을 갖추지 않은 사람은 쫓겨나야만 했다는 사실을 기억해야 합니다. 다시 말해서 하나님을 받아들이기 거절하는 사람은 스스로 하나님

---

10) **요 4:23** "아버지께 참되게 예배하는 자들은 영과 진리로 예배할 때가 오나니 곧 이 때라 아버지께서는 자기에게 이렇게 예배하는 자들을 찾으시느니라"

의 거룩함에서 멀어지는 것입니다. 예수 그리스도를 믿지 않으면 하나님의 사귐 가운데로 들어가지 못하기 때문에 허락된 잔치의 기쁨을 누리지 못합니다.

거룩한 자만이 예배에 참여할 수 있는 것이 아니라면 예배의 시작에 참회의 고백과 죄 용서를 기도하는 이유는 무엇일까요? 예전(의식)으로서 예배이기 때문이라 말할 수 있습니다. 예배 순서는 유기적으로 연결되어 있기에 따로 분리해서는 안 됩니다. 다시 말해서 참회하고 죄 용서를 기도하는 건 거룩하신 하나님 앞에서 죄인이 행해야 할 마땅한 일입니다. 예배는 회개하는 자를 기뻐 받으시고 또 죄를 용서하시는 하나님을 경배하는 일이기 때문이지요. 예배의 전 과정을 통해서 죄인은 하나님에게 거룩함을 선물로 받습니다. 그러므로 거룩한 자만이 예배할 수 있는 것은 아니고, 예배를 통해 거룩해집니다. 죄의 고백과 죄 용서를 구하는 기도는 거룩한 하나님 앞에서 마땅한 일입니다. 하나님 앞에서 일어나고 경험되는 존재의 변화는 성품의 변화를 일으키어 사람과의 관계에서 인격적인 관계의 변화로 이어집니다.

한편, 예전을 통한 예배의 회복이 삶에서 변화를 가져오지만, 이것이 자동으로 일어나는 건 아닙니다. 예전을 통한 예배의 회복을 위해 노력하면서 동시에 삶으로서 예배 역시 회복되도록 노력해야 합니다. 무엇보다 탈 교회와 교회 비판의 시대에 세상의 관심이 집중되는 것은 교회의 행위와 그리스도인의 삶입니다. 실제로는 교회에서보다는 교회 밖에서 일상을 살아가는 성도와의 관계에서 드러나는 교회의 모습입니다. 성도 개인은 공동체에 속해 있는 조건에서 성령께서 거처로 삼으시기에 교회(a church)로 인지되기 때문이죠(고전 1:2).11) 삶으로서 예배는-예전을 통해 그 의미와 실천 방식이 어느 정도 암시되고 있지만-무엇보다 성품(character)으로 나타납니다.12) 성령님께서 우리 안에서 일하신 결과이기 때문입니다. 삶으로서 예배를 말한다면, 좋은 성품을 갖추고 성품이 삶으로 나타나도록 노력하는 것입니다. 이것이 사람들로 선한 행실을 보게 하여 하늘에 계신 하나님께 영광을 돌리도록 하는 일입니다(마 5:16).

(6) 여호와 하나님이 아닌 존재를 예배하면 어떤 일이 일어나나?

여호와 하나님이 아닌 존재에게 하나님에게만 합당한 존귀와 위엄을 돌릴 때 발생하는 일은 무엇일까요? 우상 숭배가 정답입니다만, 이건 예수 그리스도를 통해 계시한 구속의 은혜를 모르고 오히려 자기 사랑에 취하고 자기 열정에 사로잡힌 사람들의 전형적인 삶입니다. 인간의 타락한 모습이라고 말할 수 있을 것입니다. 타락한 죄의 결과들로 가득한 모습을

---

11) **고전 1:2** "고린도에 있는 하나님의 교회 곧 그리스도 예수 안에서 거룩하여지고 성도라 부르심을 받은 자들과 또 각처에서 우리의 주 곧 그들과 우리의 주 되신 예수 그리스도의 이름을 부르는 모든 자들에게"

12) 참고: 최성수, 『언제까지 가짜 신앙을 포장할 것인가?』.

생각해보면 틀림이 없습니다.

인간은 누군가를 예배하도록 그렇게 구조되어 있다고 하지요. 하나님이 아니면 우상을 예배합니다. 이건 하나님이 아닌 존재의 영향력 때문이 아닙니다. 왜냐하면 우상은 살아 있는 존재가 아니기 때문입니다. 우상은 입이 있으나 말하지 못하고, 눈이 있으나 보지 못하며, 귀가 있으나 듣지 못합니다. 그리고 몸이 있으나 움직이지는 못합니다.

이것에 반응하면서 우상을 예배하는 사람은 보지 못하고, 듣지 못하고, 말하지 못하게 됩니다. 올바른 것을 염두에 둔 말입니다. 다시 말해서 우상을 예배하는 사람은 불의를 보고도 말하지 않고, 정의가 들려도 들으려 하지 않습니다. 무엇이 옳고 무엇이 그른지를 알면서도 굳이 말하려 하지 않습니다. 보고 듣고 말하는 건 모두가 자기가 보고 싶고 듣길 원하고 또 말하고 싶은 것만을 말합니다.

그런데 탐심은 우상숭배라고 했지요, 사람을 예배하는 경우나 돈이나 권력 그리고 이념 등을 예배하는 경우는 어떨까요? 마찬가지입니다. 이런 것들을 예배하는 사람은 그것들의 종으로 전락합니다. 그러니 말해야 할 것과 들어야 할 것 그리고 보아야 할 것 등을 통제받습니다. 자유가 없습니다. 돈의 노예가 되고, 권력의 하수인이 되고. 불의의 대변인이 됩니다.

이에 반해 여호와 하나님을 예배하는 자는 말해서는 안 되는 상황에서도 옳은 것이라면 용기를 내어 말합니다. 들으면 고통스럽고 또 심지어 위험에 빠지는 일을 요구하는 말이라도 그것이 생명을 위하는 일이라면 기꺼이 듣고 순종합니다. 감춰진 것들을 보고 남들이 보지 못하는 신비한 것을 봅니다.

[내용 이해를 위한 질문]

1. 예배에 대한 올바른 기대에 관해 생각해보라

2. 예배와 거룩함의 관계를 정리해보라

3. 누가복음 19:2~10의 삭개오의 변화와 예배의 관계에 관해 정리해보라.

[나의 온전한 예배를 위해 적용할 점]

1. 나는 예배하러 갈 때 무엇을 기대하는가?

2. 나의 예배는 하나님의 임재하심을 전제하는가?

나가는 글

　교회와 세상의 구분은 인간의 타락 이후 불가피한 현상입니다. 마지막 날 예수 그리스도의 재림과 더불어 하나님 나라가 온전히 회복하기까지 지속할 것입니다. 그렇다고 두 영역이 서로 배타적이라는 이분법적으로 보아서는 안 됩니다. 교회와 세상, 두 영역에 걸쳐 사는 건 그리스도인으로 부름을 받은 자라면 누구나 피할 수 없는 일입니다. 그렇다고 두 마음을 품고 살아도 되는 건 아니고요, 두 주인을 섬기며 살아서도 안 됩니다. 두 곳 모두 본향으로 삼을 순 없습니다. 비록 태어난 곳은 세상이라도, 그리스도인으로 부름을 받는 순간 그리스도인은 교회를 새로운 삶의 터전으로 삼으며 살아갑니다. 두 영역을 삶의 터로 삼는 그리스도인은 교회에서 일어나는 일 곧 하나님의 현실이 세상에서도 일어난다는 것을 세상 가운데 나타내 보여줄 유일한 사람입니다.

　하나님이 원하시는 건 당신이 말씀하신 대로 세상이 그렇게 되는 것입니다. 하나님이 세상을 돌보고 계심을 나타내 보이는 것입니다. 이것이 창조이고 구원받은 세상의 모습입니다. 그리고 하나님의 형상으로 지음을 받은 인간이 하나님에게 위임받은 대로 세상을 관리하며 하나님의 돌봄을 실현하는 것입니다. 이것이 인간을 향한 하나님의 뜻입니다. 결국 하나님은 당신의 거처로 삼으시며 또한 당신이 다스리는 것과 다르지 않은 그런 세상이 순종하는 인간을 통해 실현되길 원하시는 것입니다.

이것의 현실이 바로 예배이며, 예배는 이 땅의 하나님 나라가 먼저는 부름을 받은 자들에게서 나타남을 보이고 또 순종하는 삶을 통해 세상에서도 나타난다는 것을 보이는 일입니다. 교회에서는 예전을 통해 실행하고, 세상에서는 순종하는 삶과 좋은 성품을 통해 실행합니다. 일상에서 그리스도인의 삶을 통해 하나님의 영광이 나타날 때, 일상은 더는 교회와 구분되지 않습니다. 예배는 일종의 증언이며, 증인으로서 삶입니다. 하나님을 예배하는 일에서 교회와 일상은 더는 구분되지 않습니다. 다만 예배하는 방식만 다를 뿐입니다.

온전한 예배란 일상에서와 교회에서의 예배가 다만 예배하는 방식에서 구분될 뿐, 하나님에 전인적으로 반응하는 인간의 신앙 행위라는 점에서는 서로 분리되지 않으면서, 또한 서로가 서로에게 영향을 주고받는 예배를 가리킵니다. 오늘날 전방위적으로 혹독한 비판에 노출된 그리스도인과 교회가 속히 회복해야 할 것이 있다면 온전한 예배입니다.

최성수

신학박사, 목사, 기독교 영화평론가
서강대 철학과(B.A.), 독일 Bonn 대학교 신학석사(Mag. theol.), 신학박사(Dr. theol.), 호신대 신대원(M.Div.), 연세대, 감신대, 장신대, 호신대, 대전신대, 한남대 강사 역임
"목회와 신학", "신앙세계", "기독교 세계", "묵상과 설교", "기독공보", "크리스찬 연합신문" 등에 오랫동안 글을 기고하였다.
현재 미디에이터연구소장, 미디에이터교회 담임으로 재직하고 있고 『현대인을 위한 종교개혁 5대 원리』, 『목사, 술을 권하다』, 『의미는 알고나 사용합시다』, 『어떻게 하면 설교를 바르게 들을 수 있을까』, 『언제까지 가짜 신앙을 포장하며 살 것인가?』, 『예배와 설교 그리고 교회』, 『영화 속 인간 이해』, 『기독교와 영화』, 『영화 속 기독교』 등 다수의 저서와 논문이 있다.

온전한 예배
하나님과 사람에게 적합하게 반응하기

초판인쇄 2022년 4월 29일
초판발행 2022년 4월 29일

지은이 최성수
펴낸이 채종준
펴낸곳 한국학술정보㈜
주　소 경기도 파주시 회동길 230(문발동)
전　화 031) 908-3181(대표)
팩　스 031) 908-3189
홈페이지 http://ebook.kstudy.com
E-mail 출판사업부 publish@kstudy.com
출판신고 2003년 9월25일 제406-2003-000012호

ISBN 979-11-6801-454-1 03230